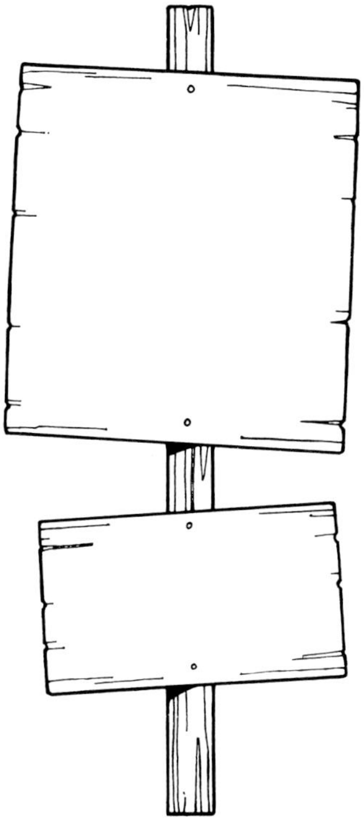

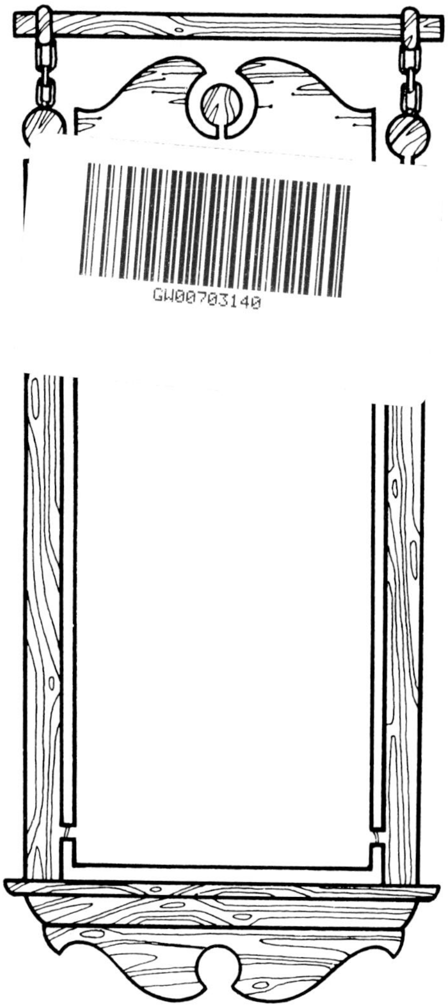

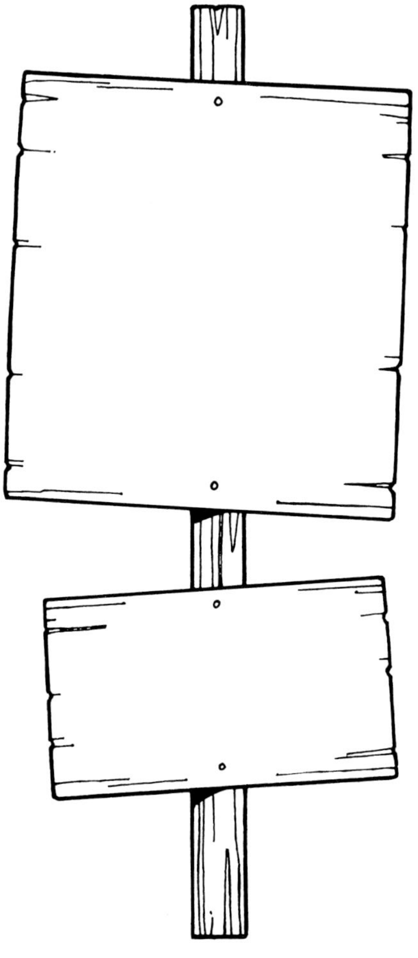

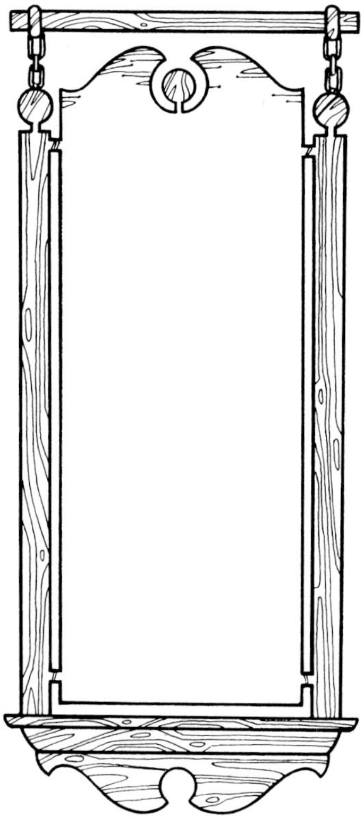

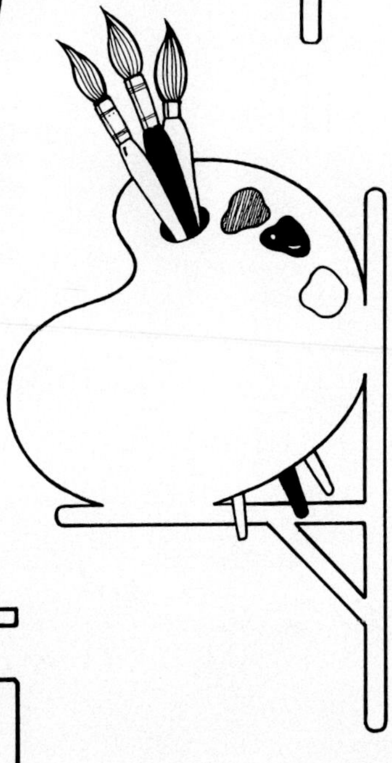
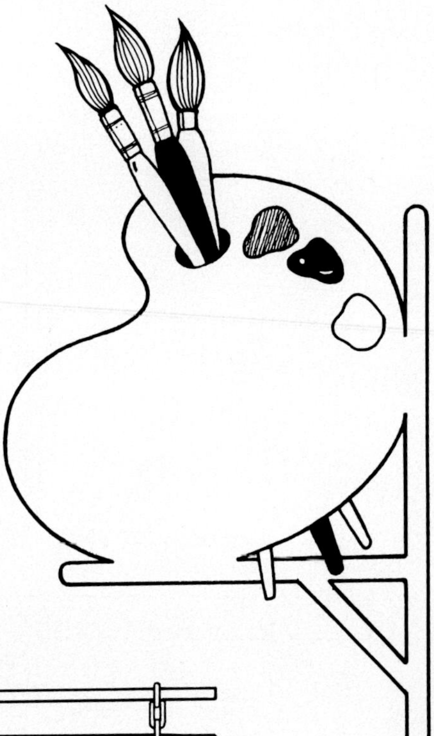

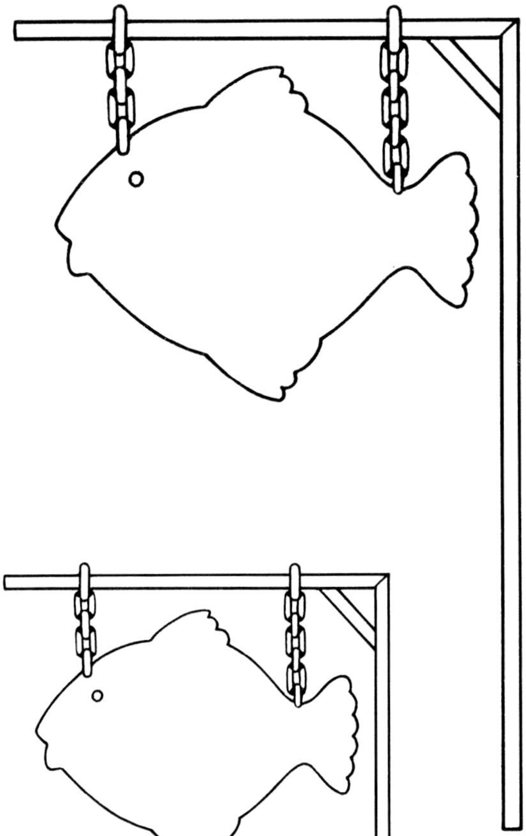

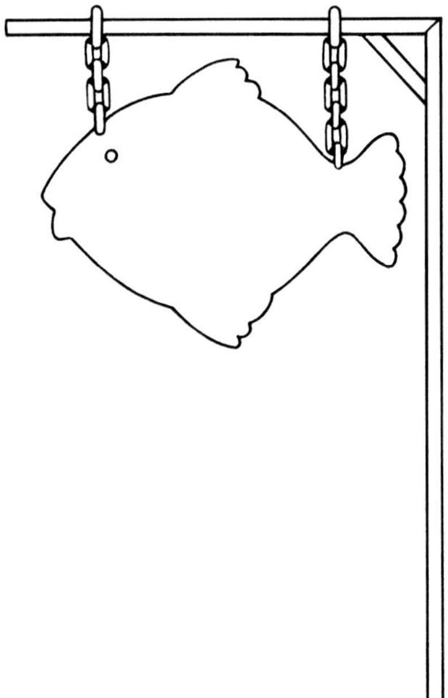

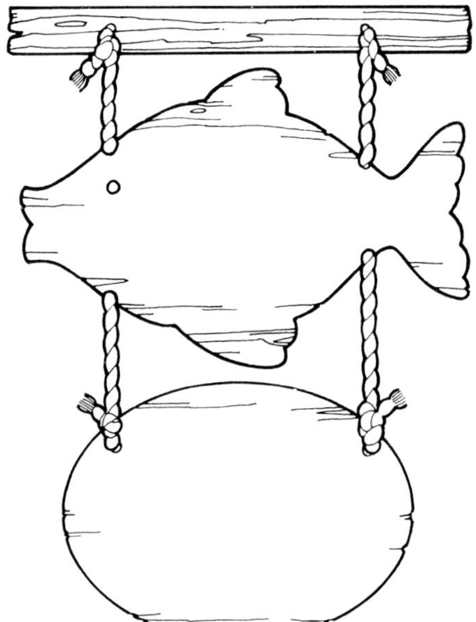

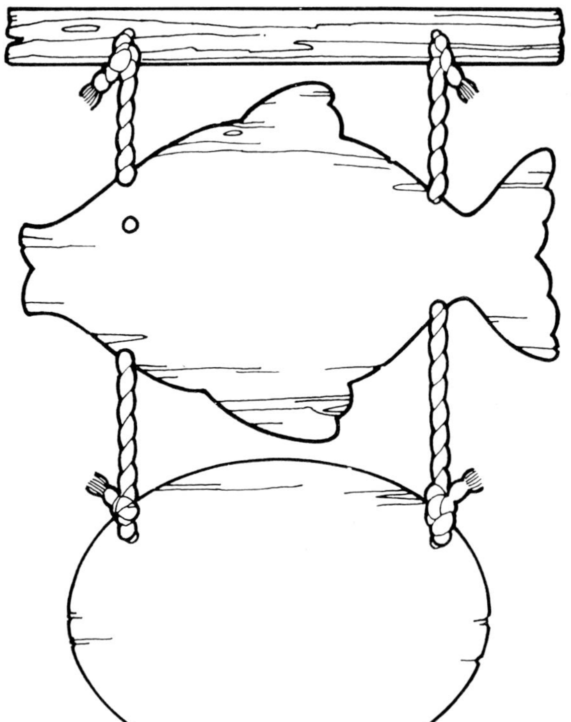

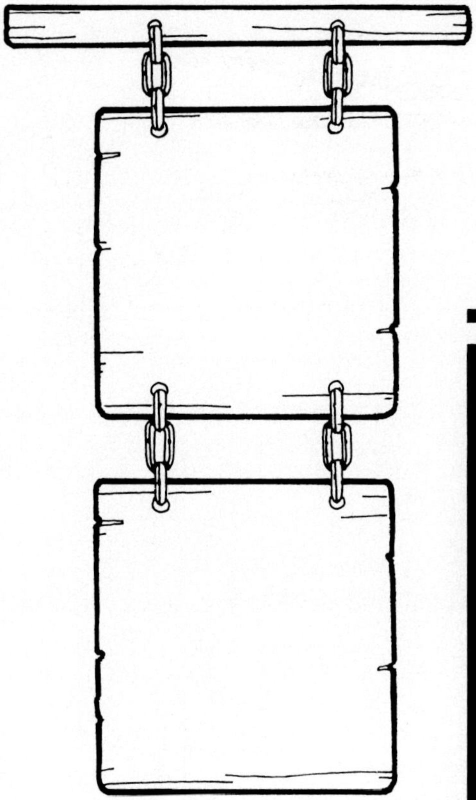

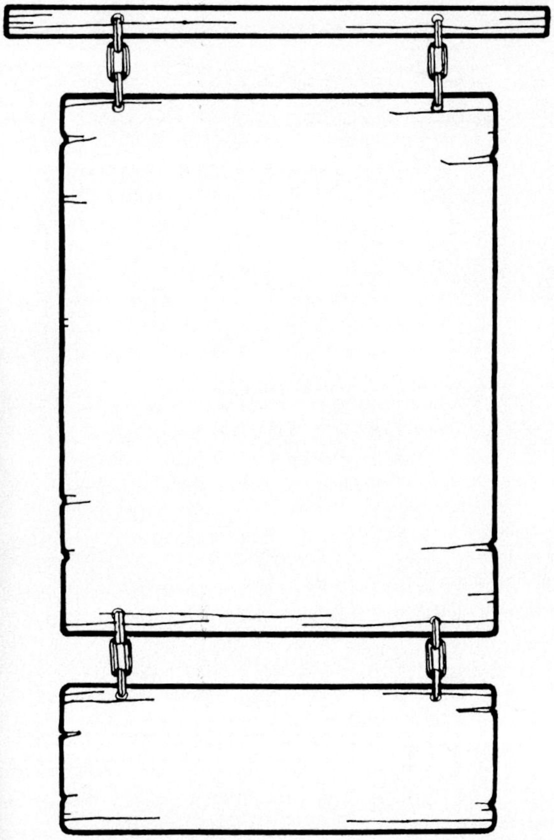
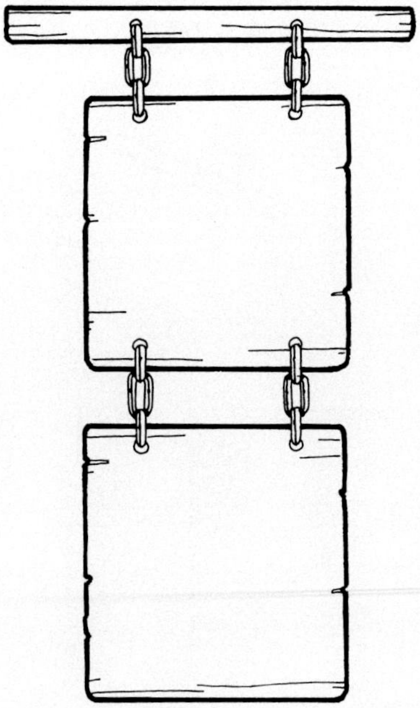

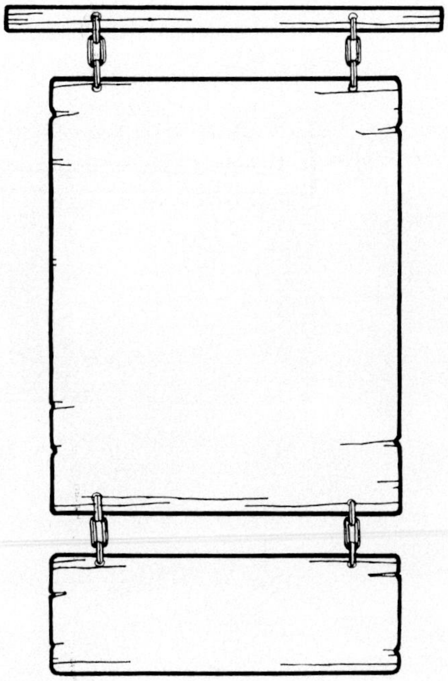

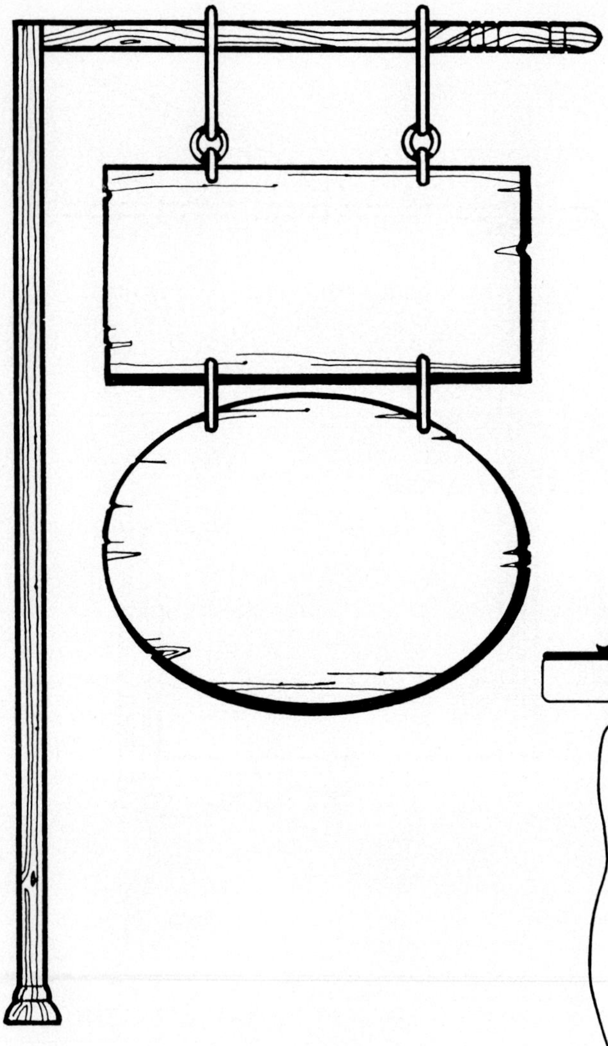

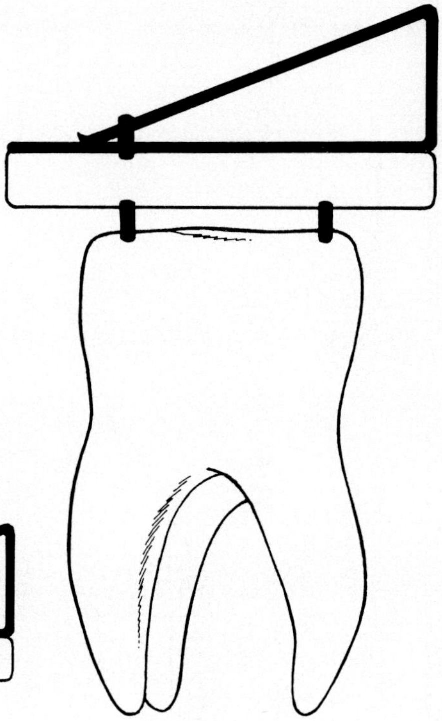

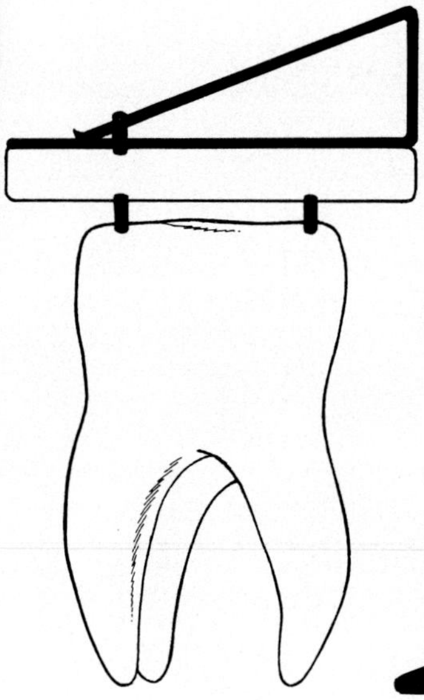

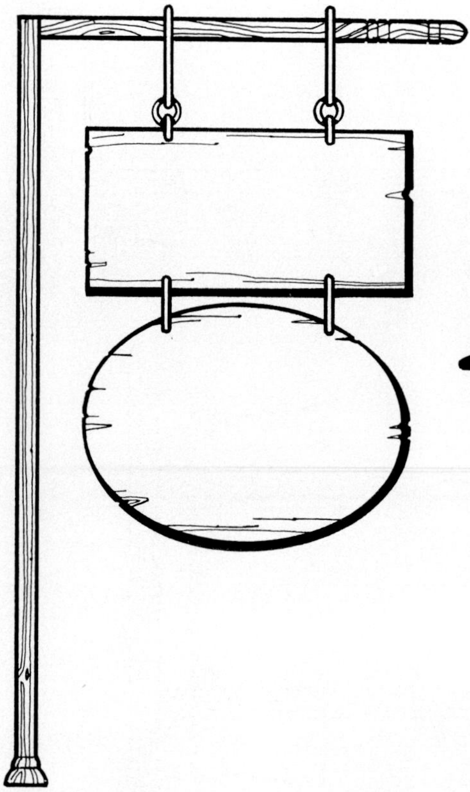

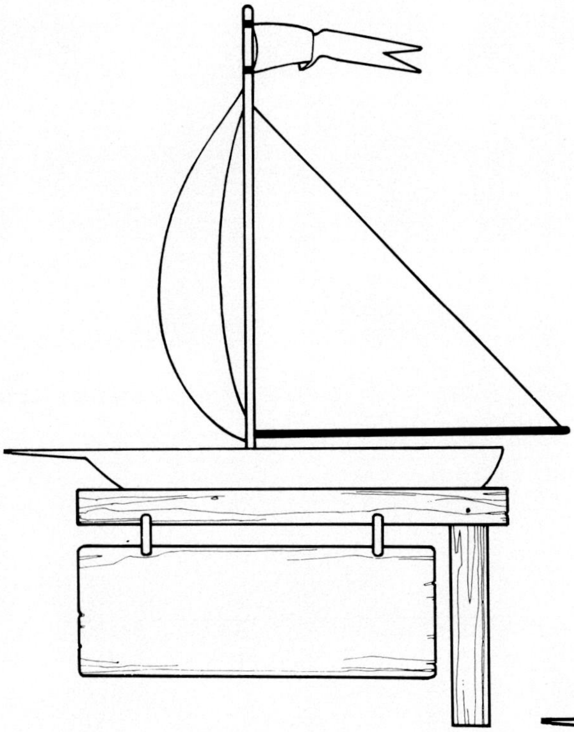

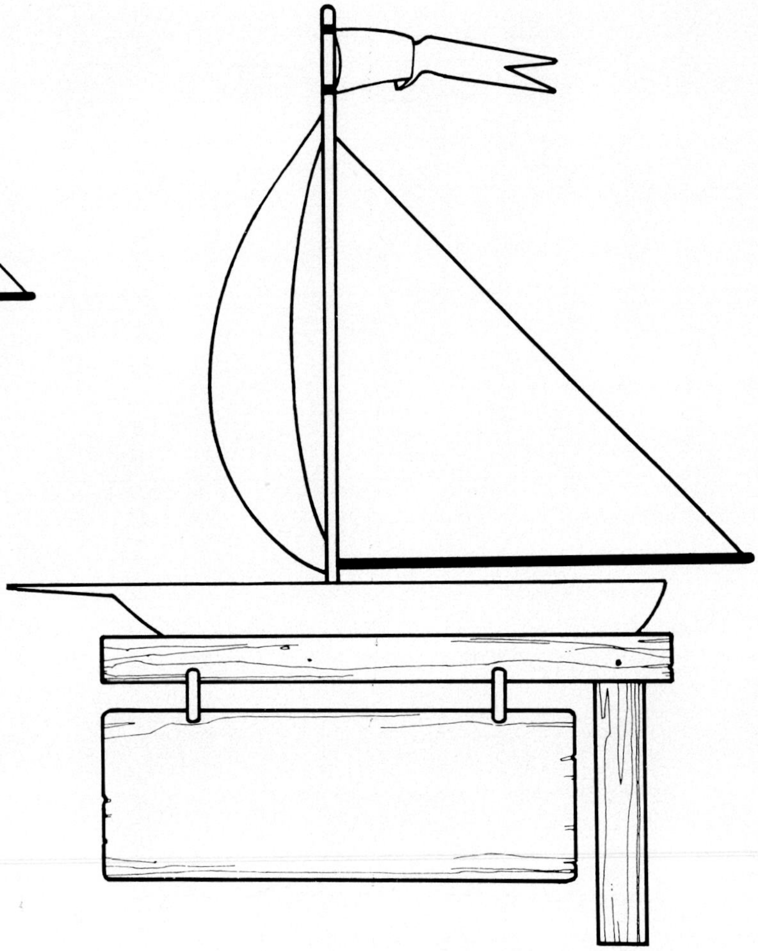

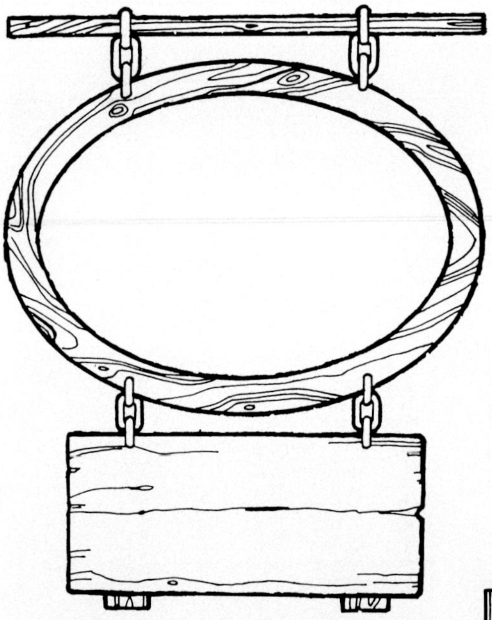

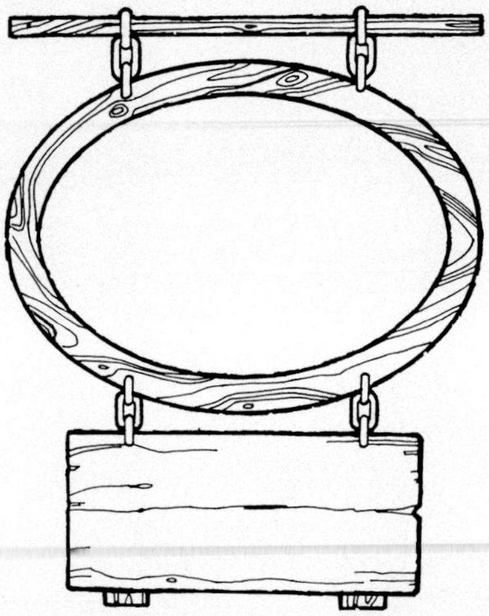

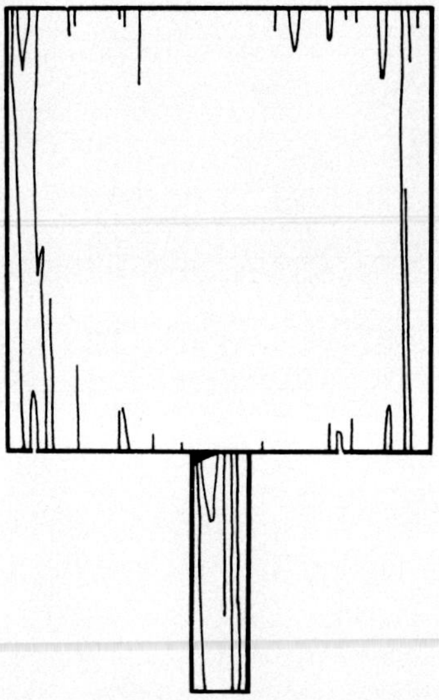

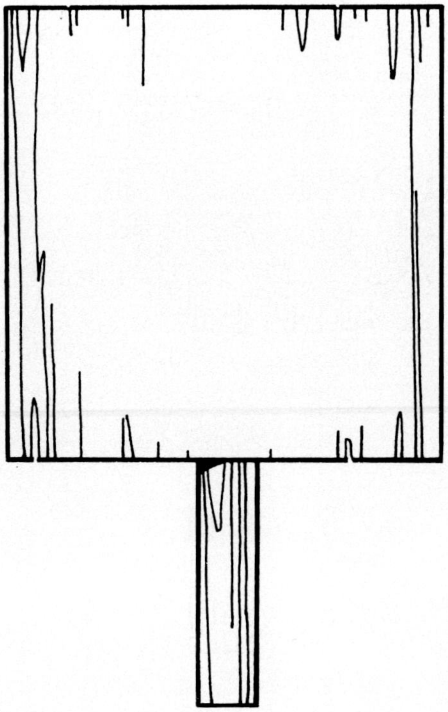

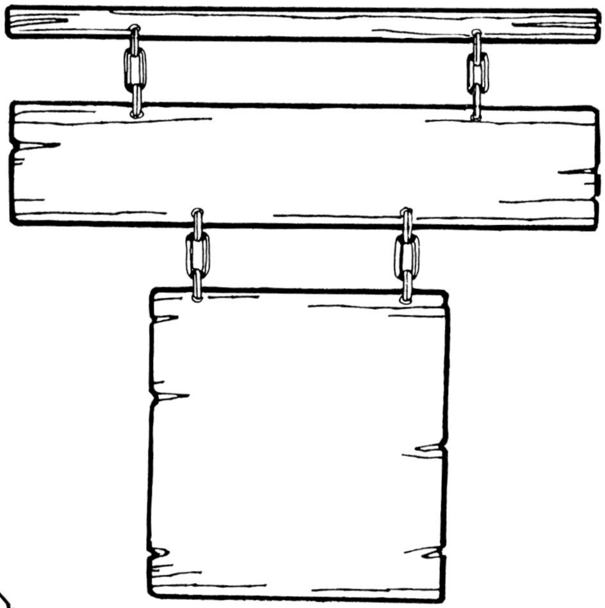

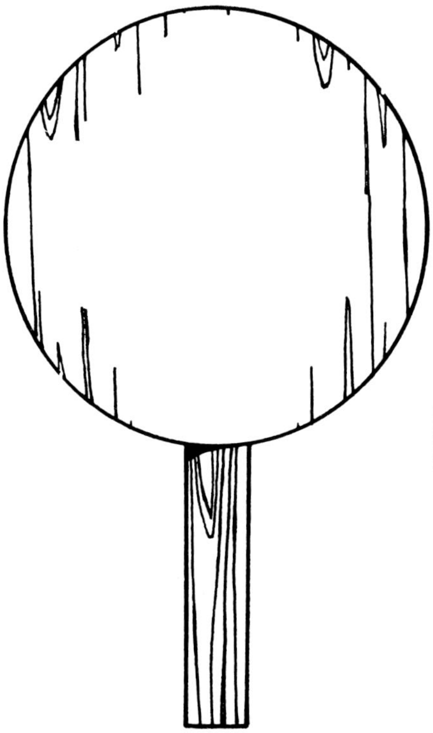

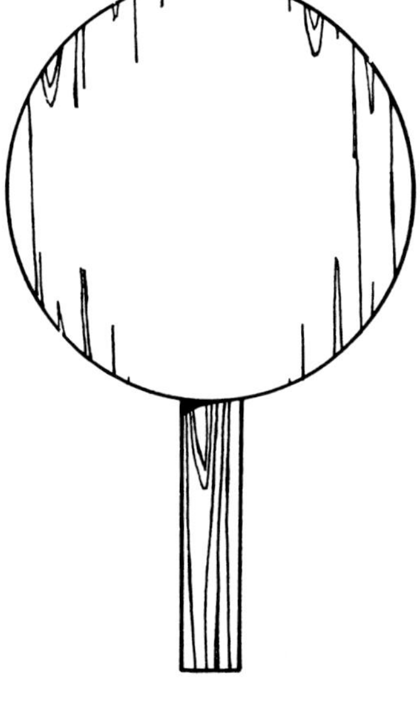

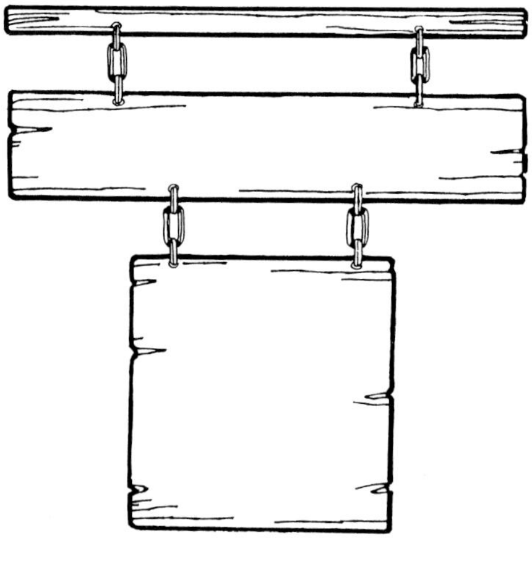

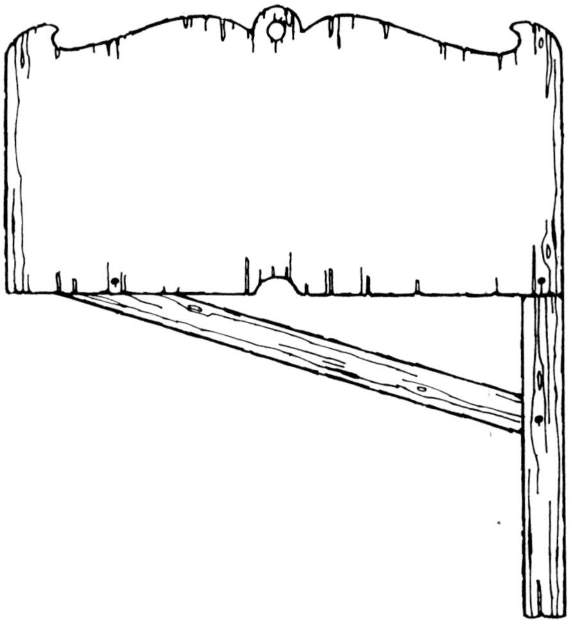
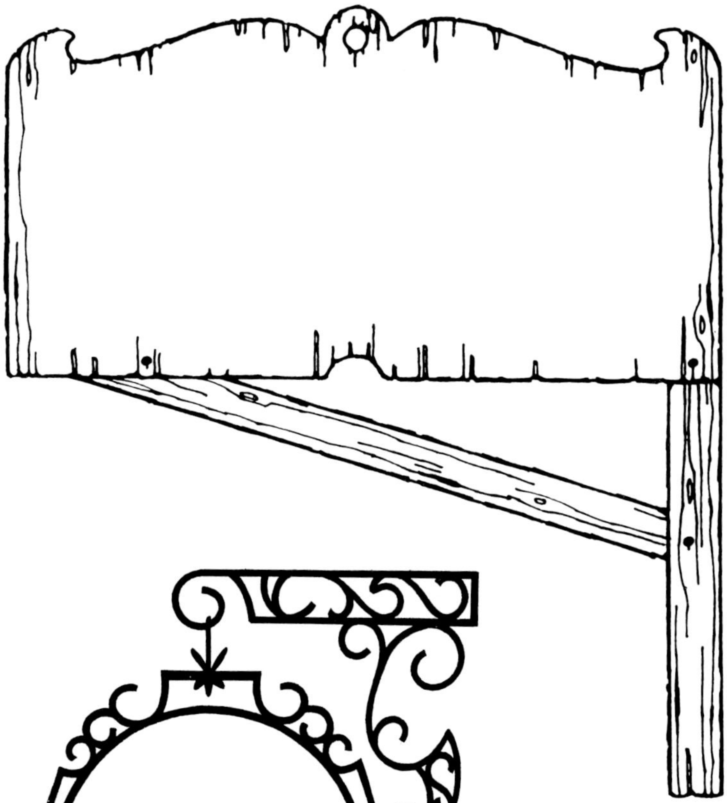

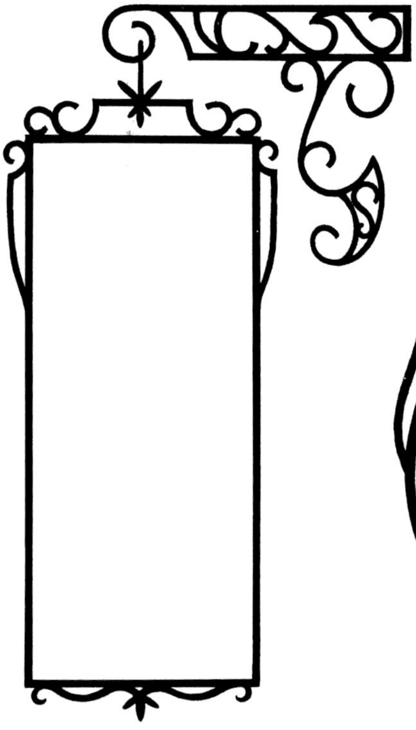

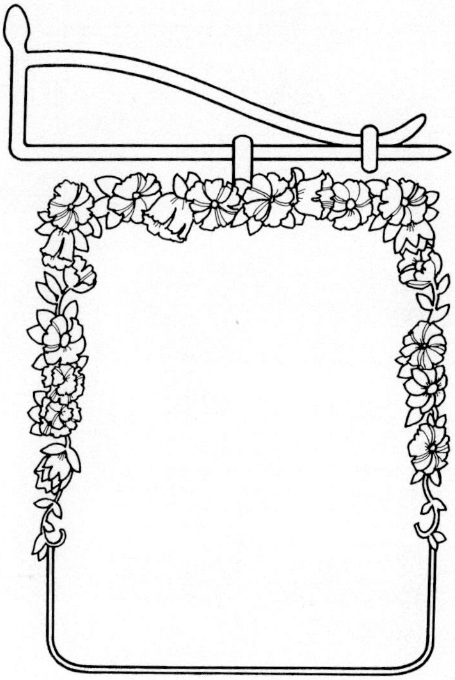
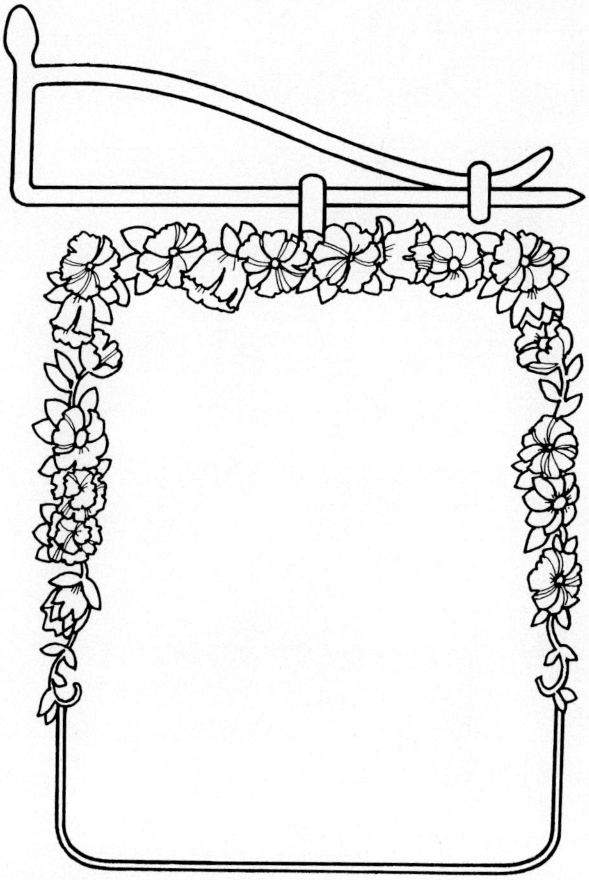
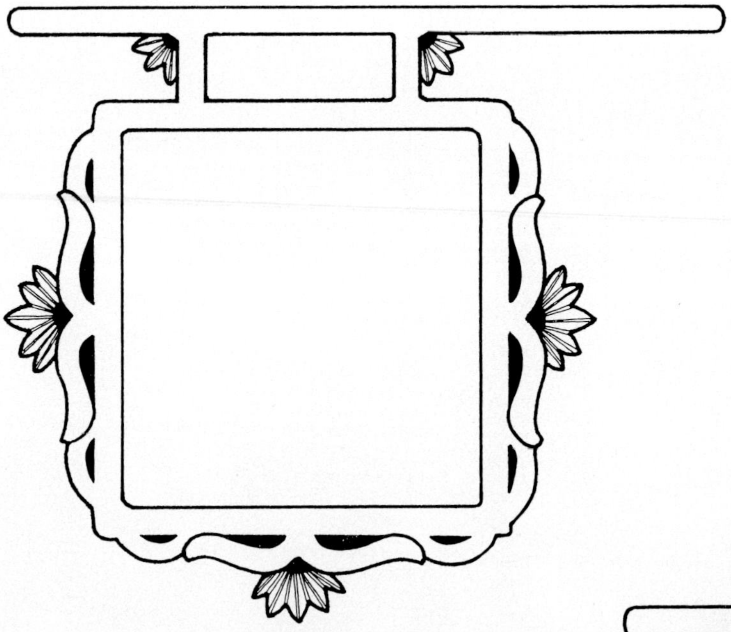

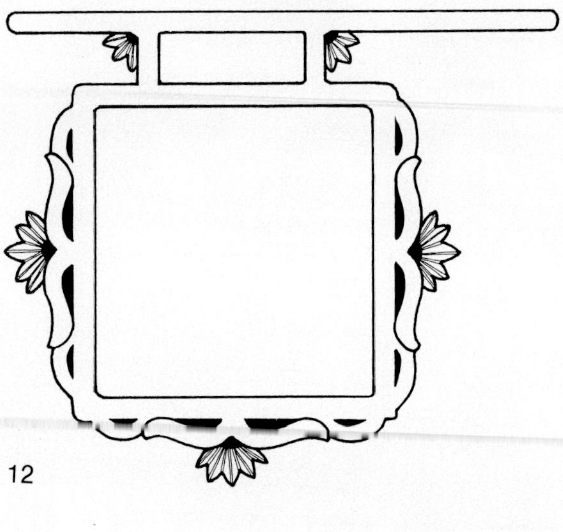

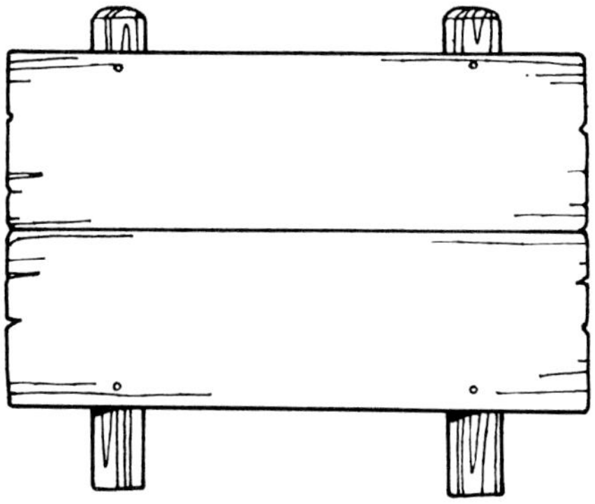
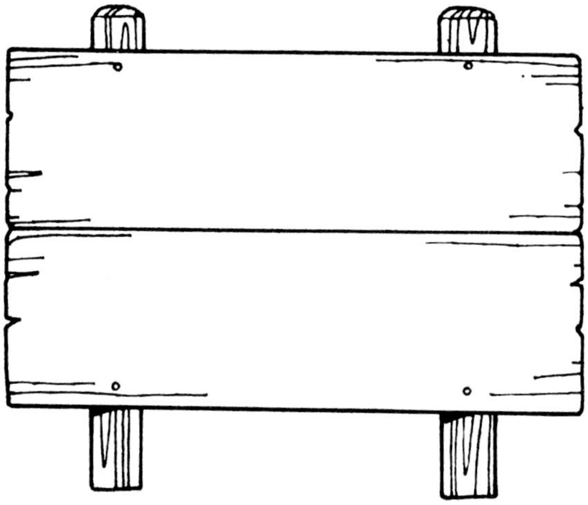

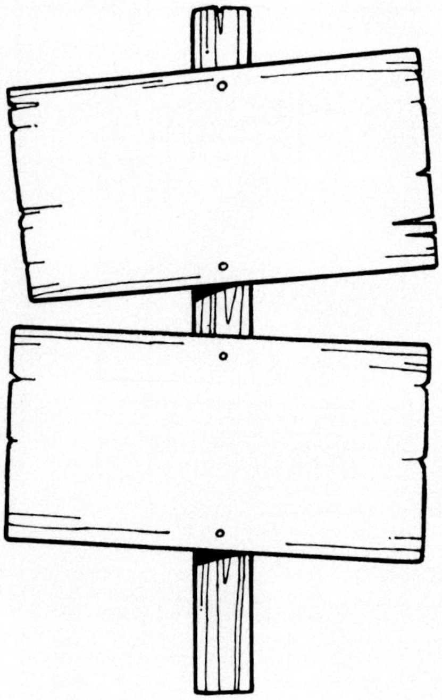

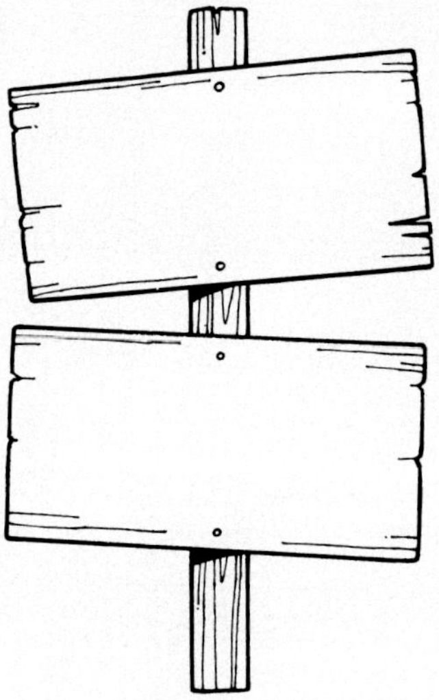

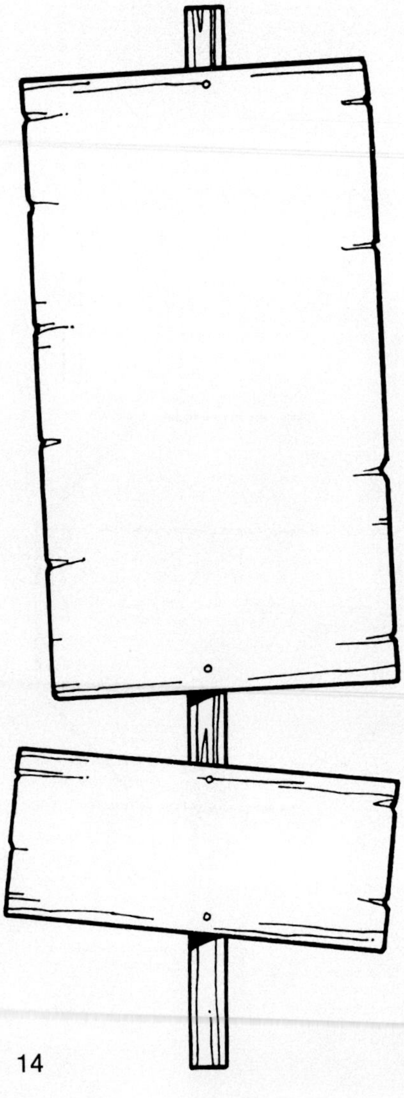

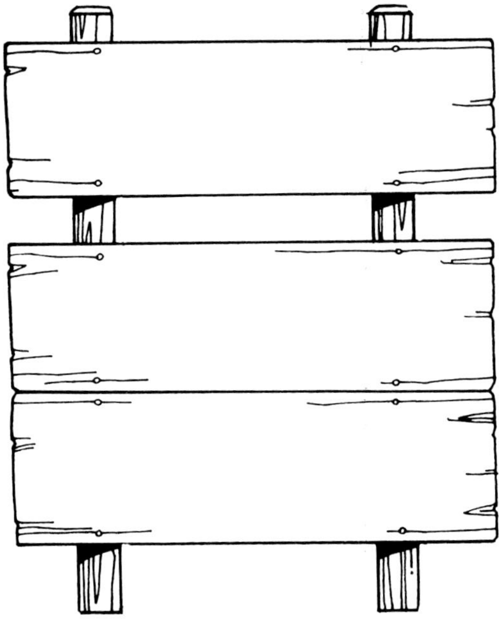

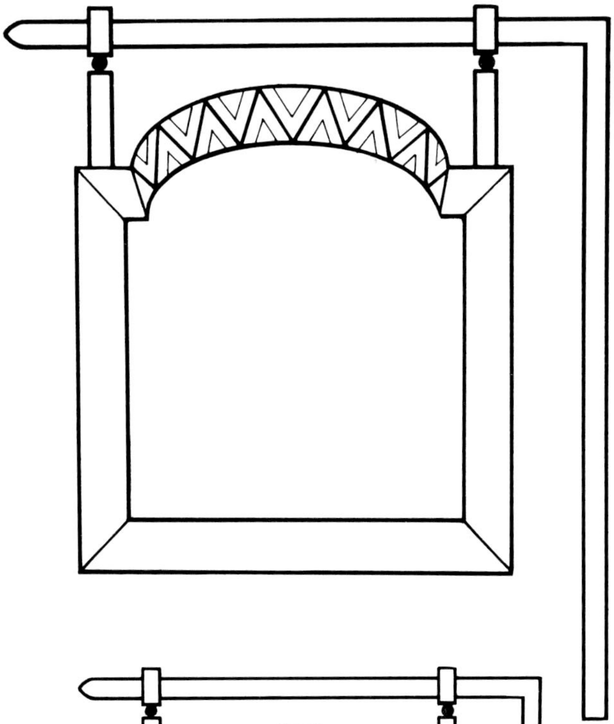

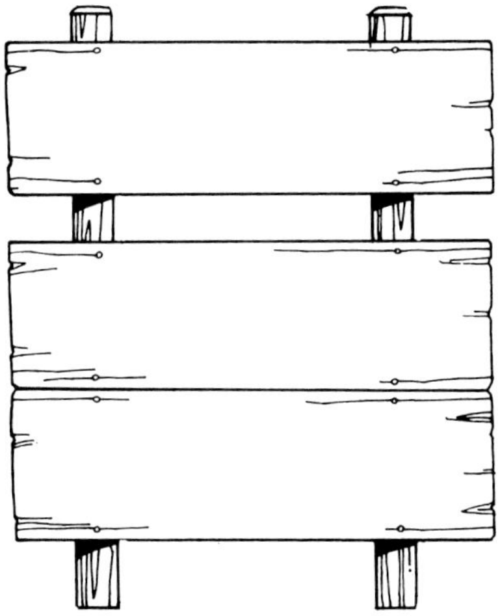

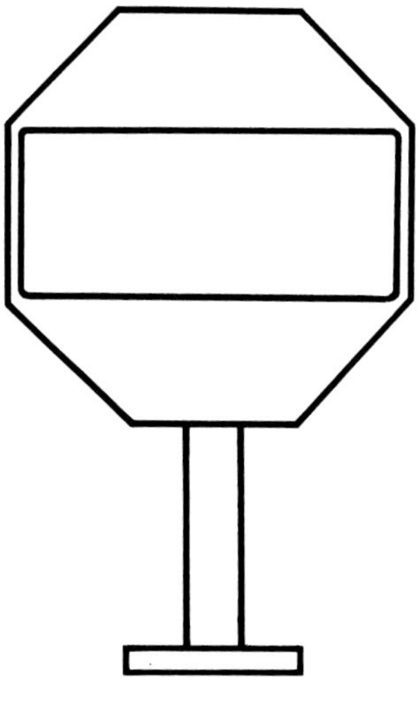

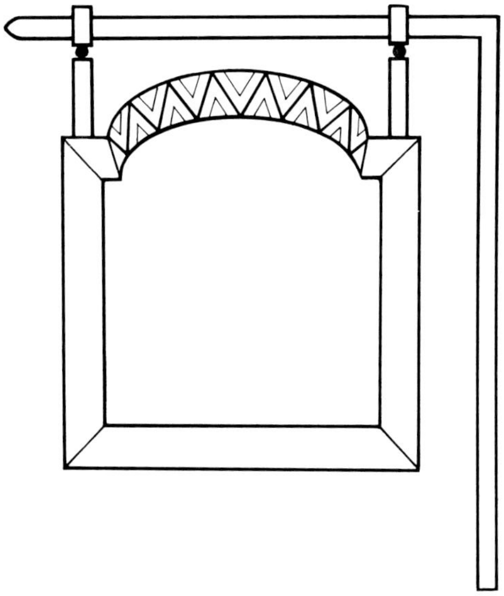

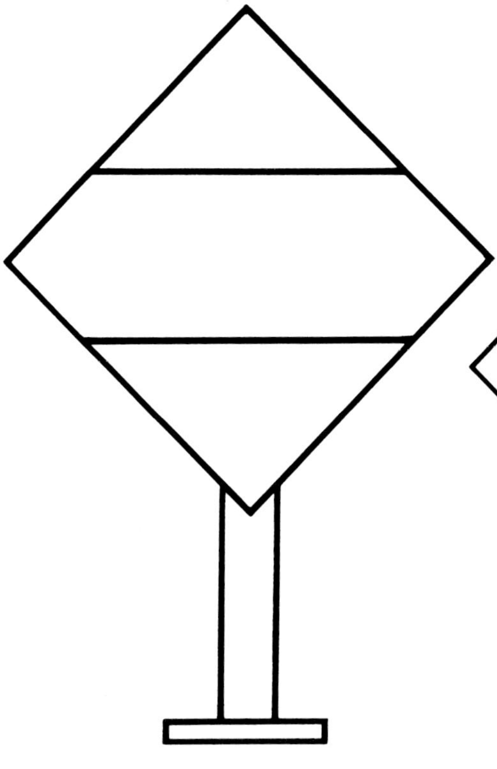

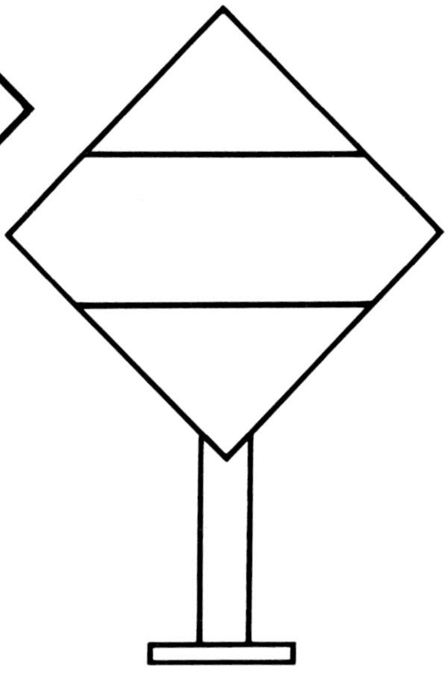

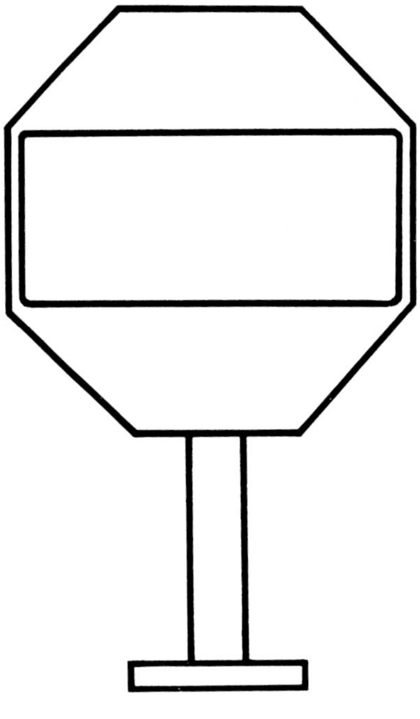

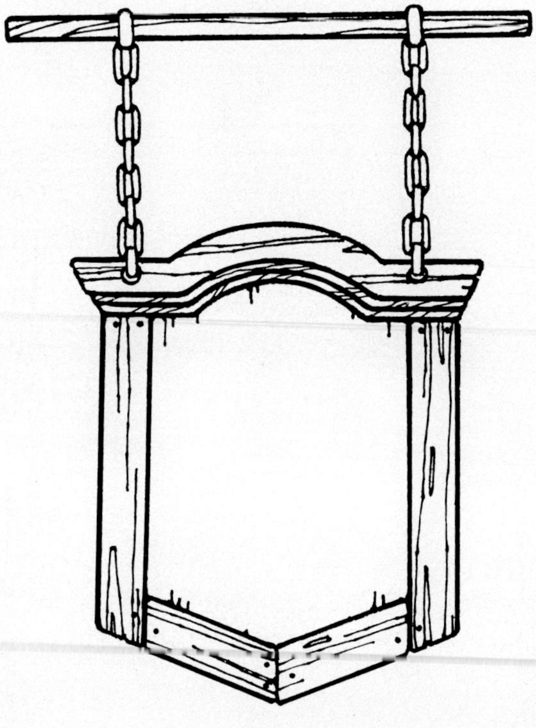

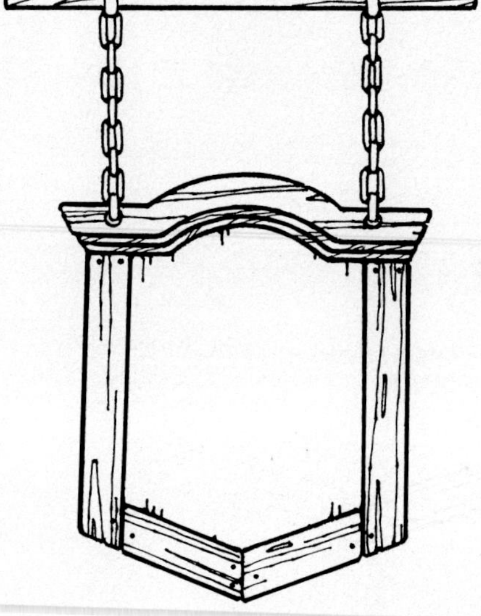

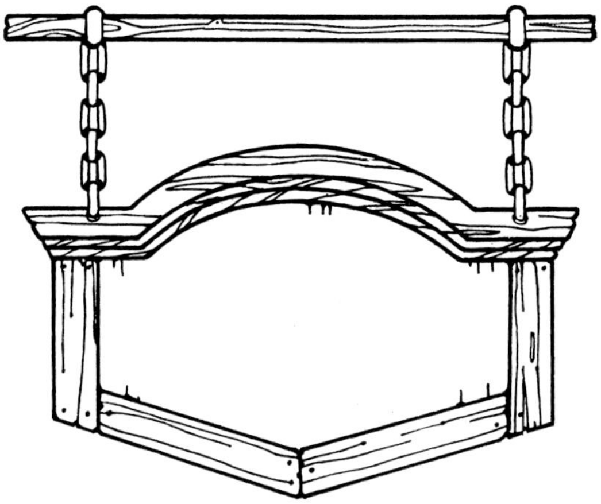
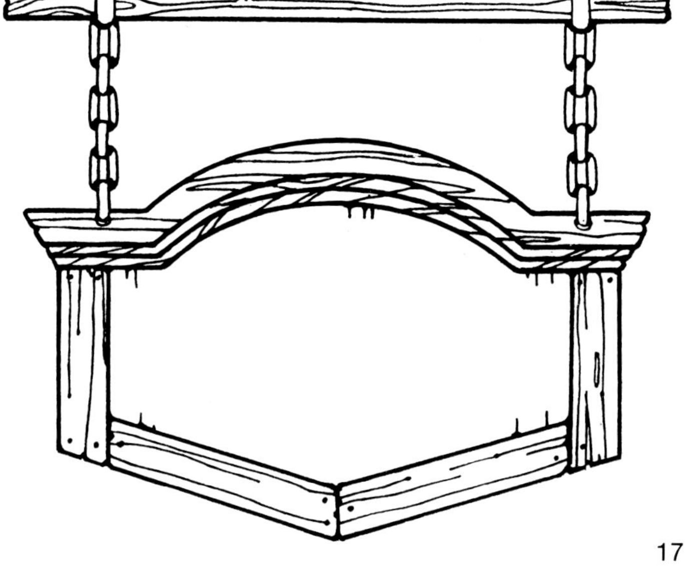

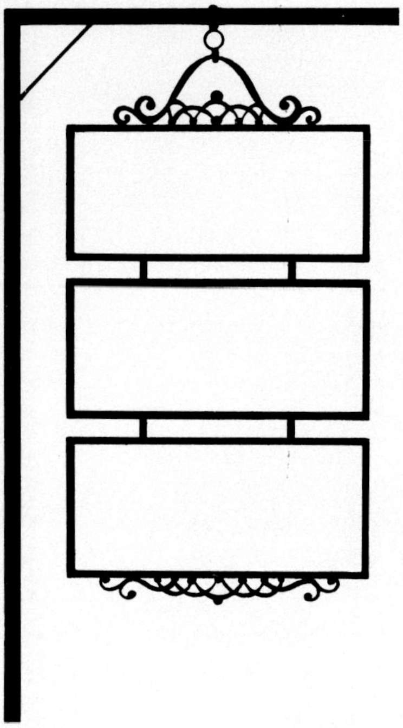
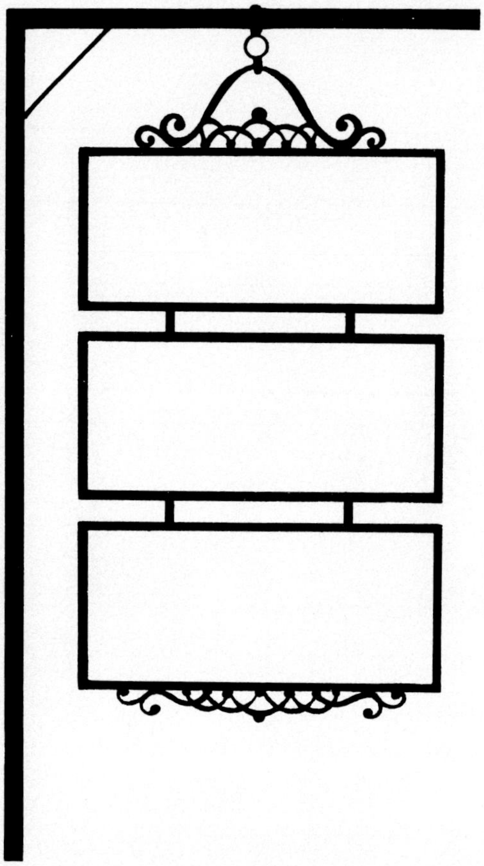
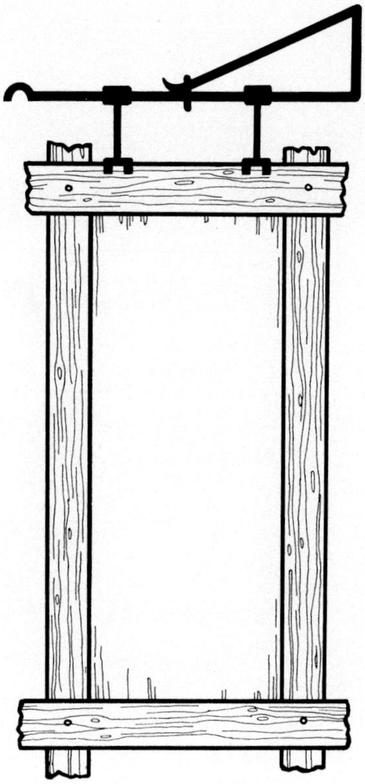

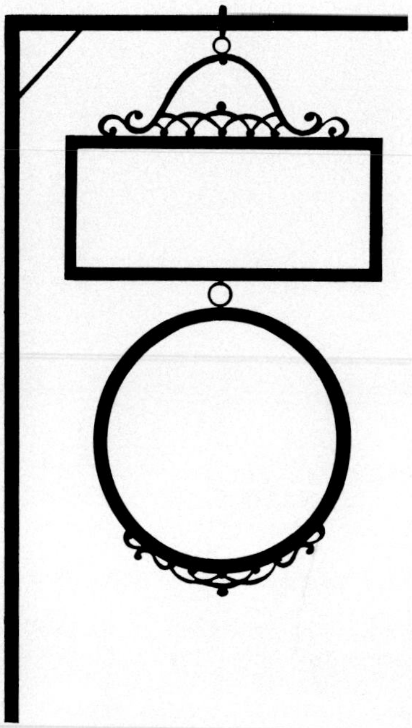
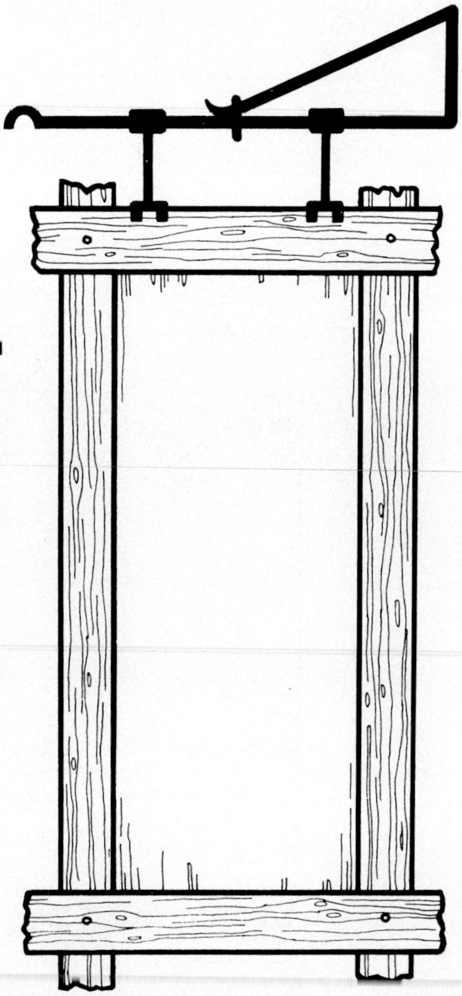

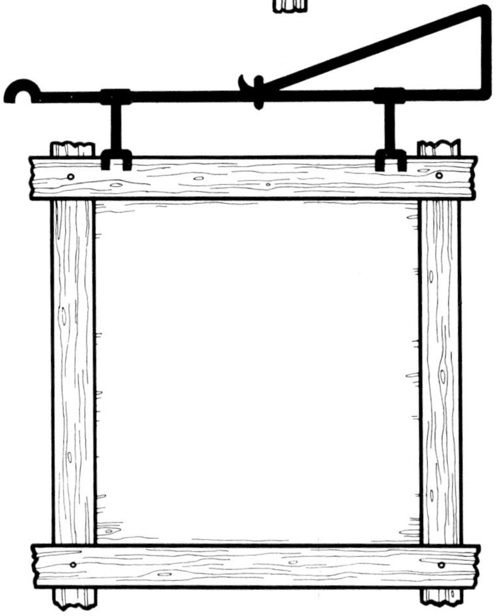

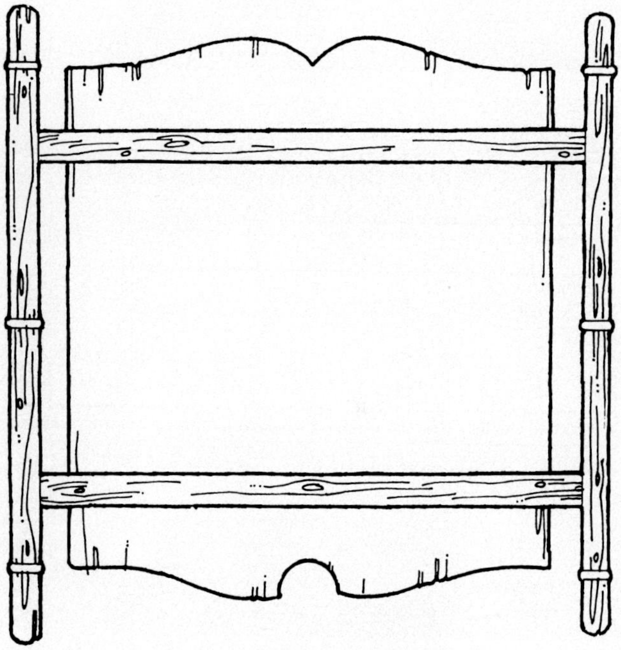

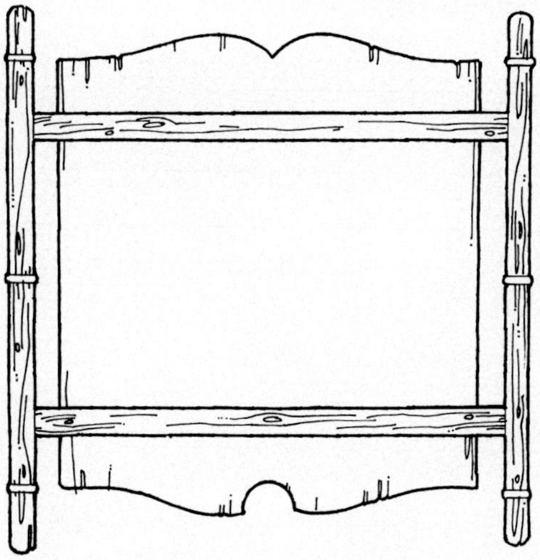

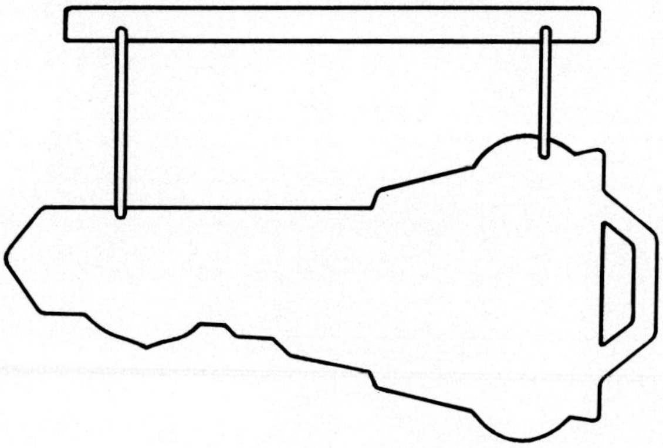

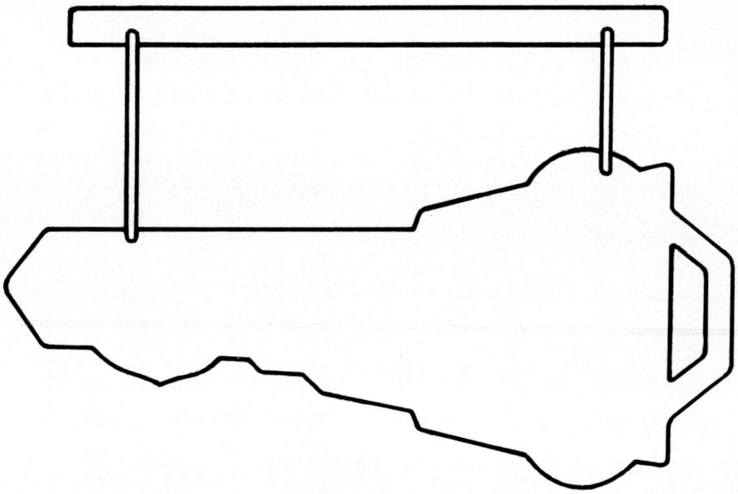

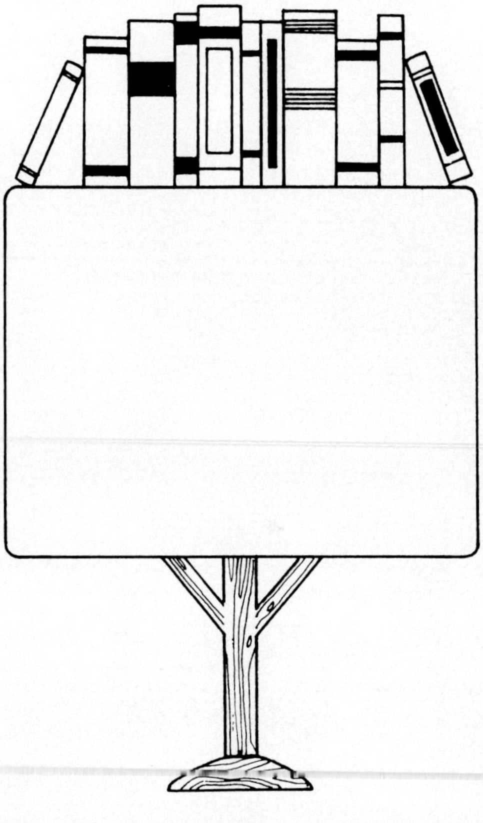

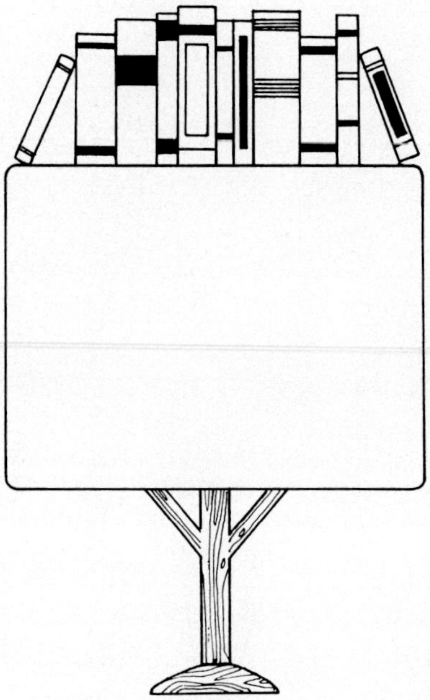

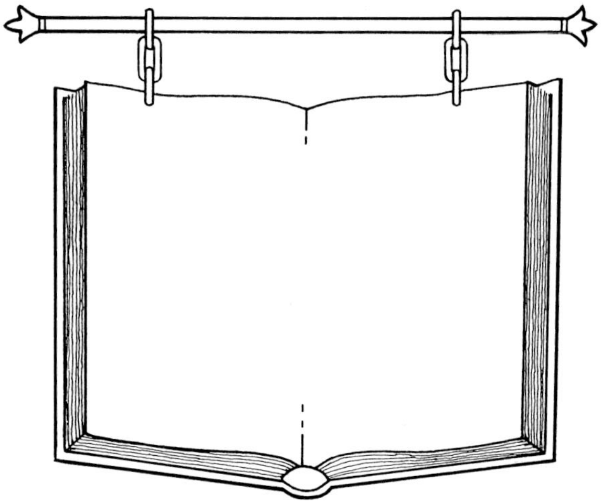
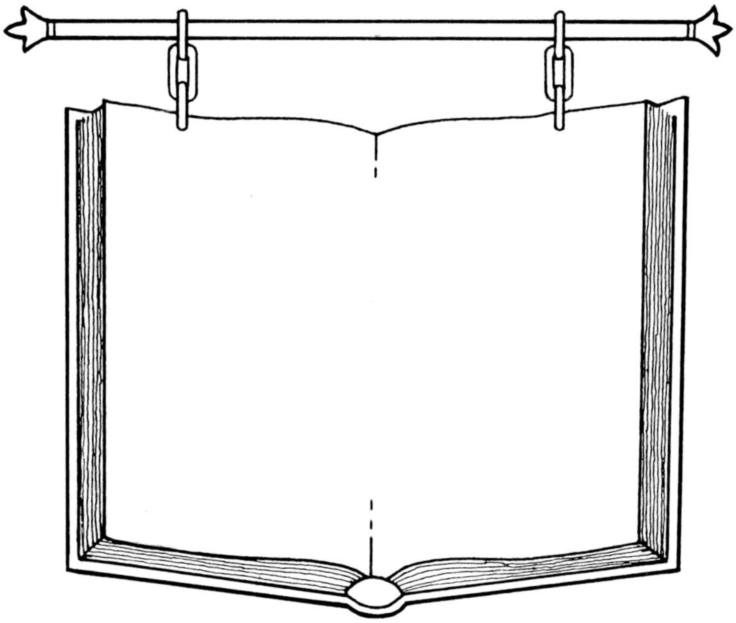
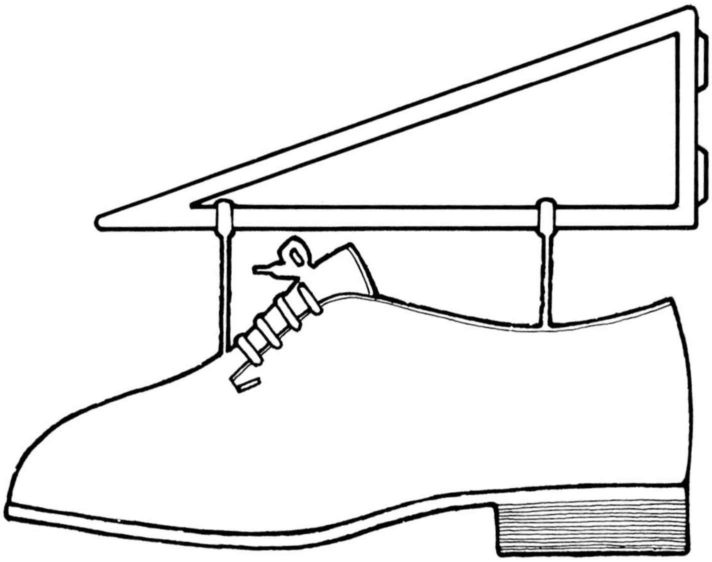
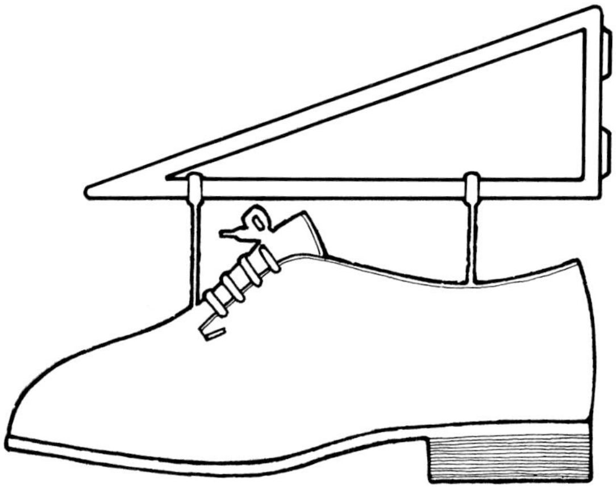
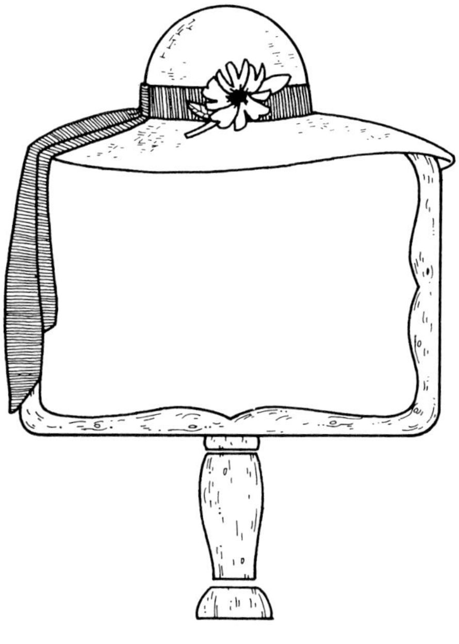
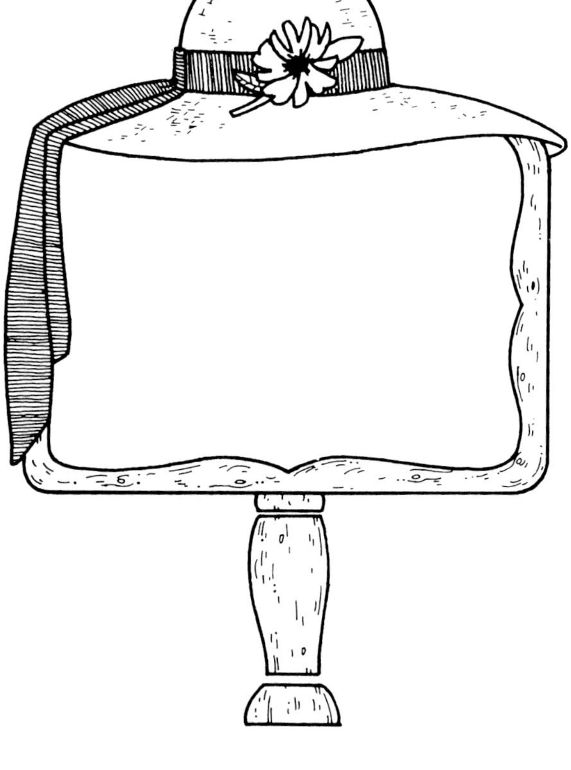

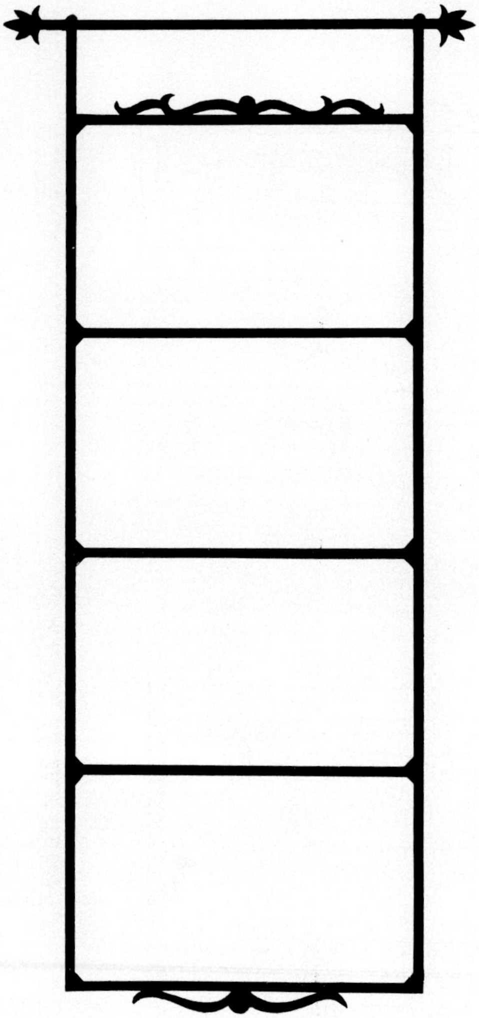

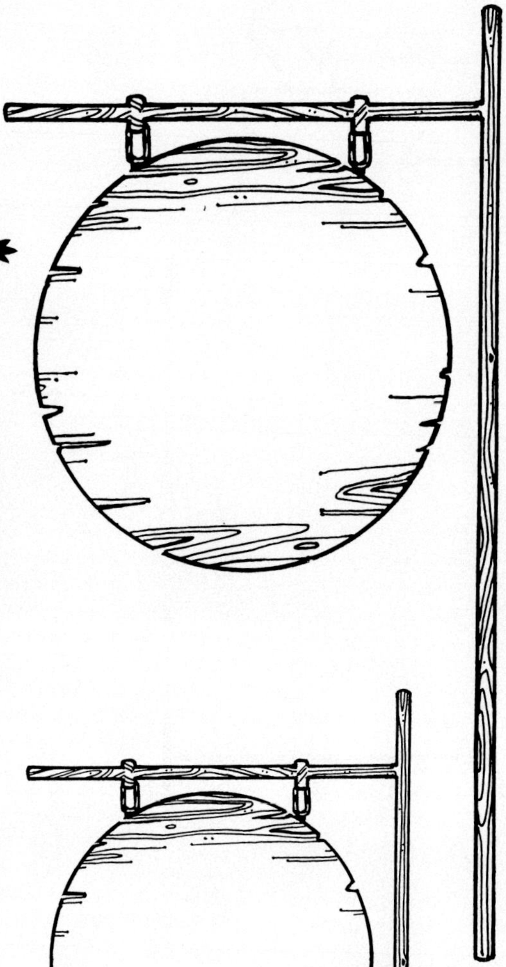
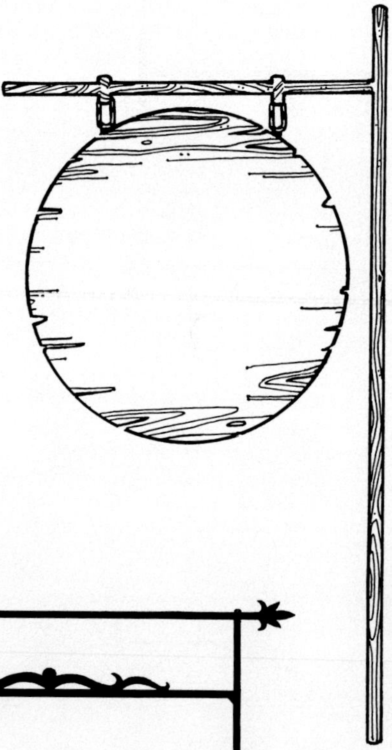
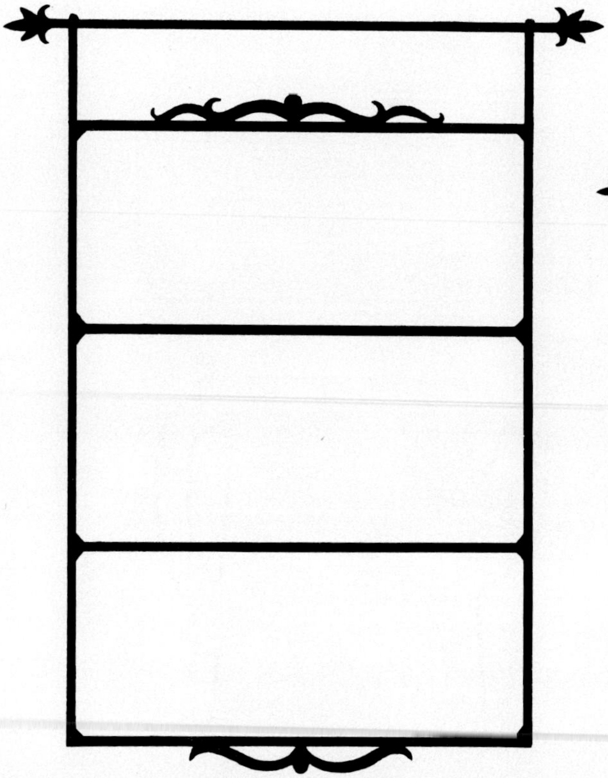
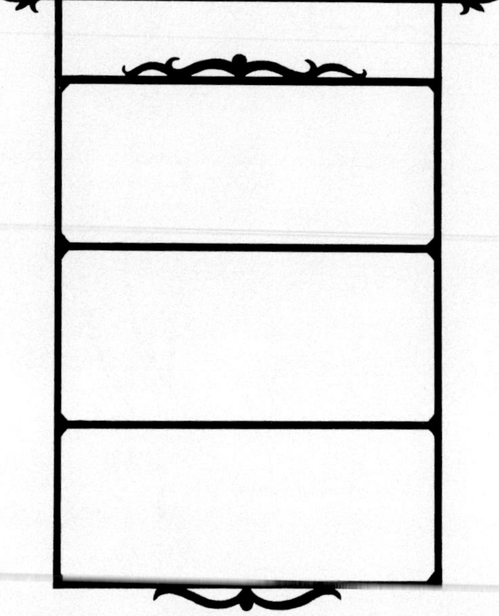

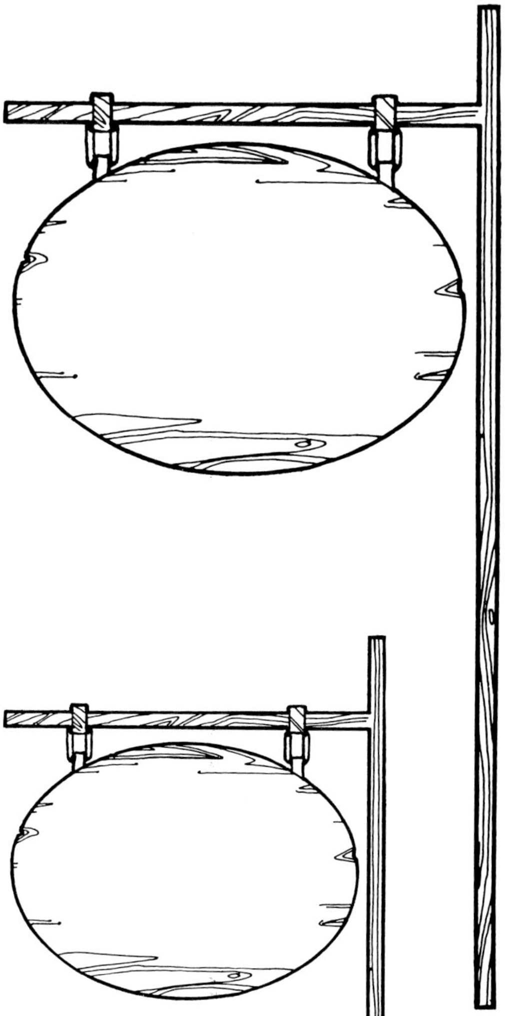
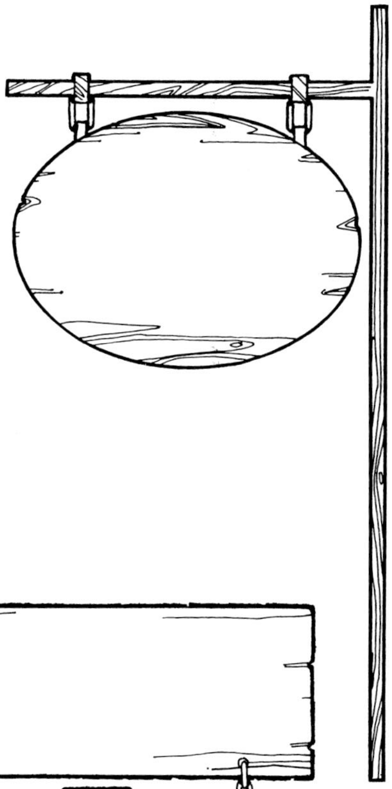
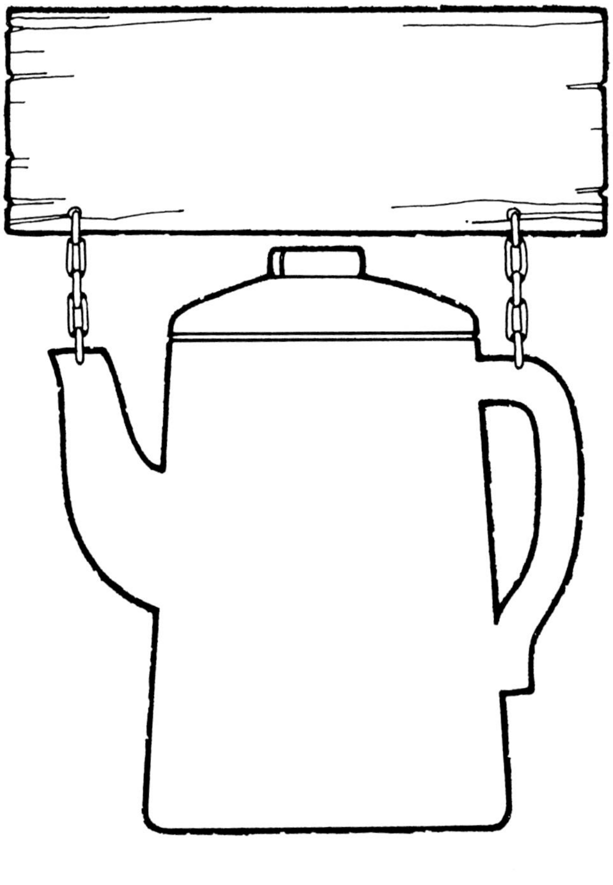
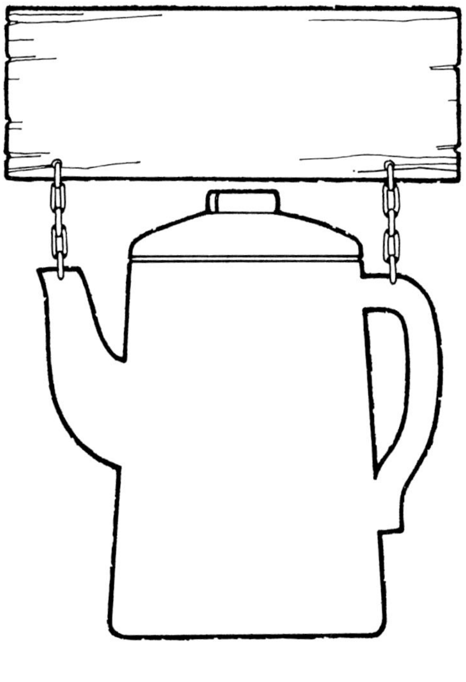

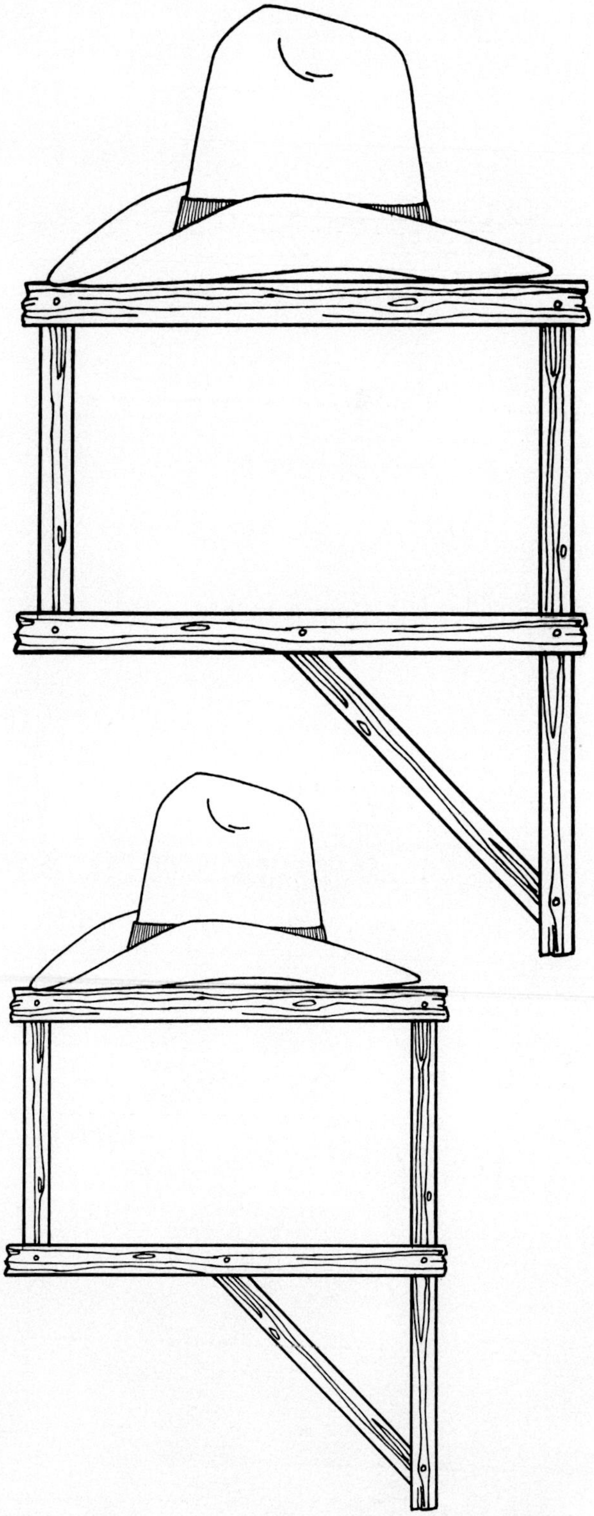

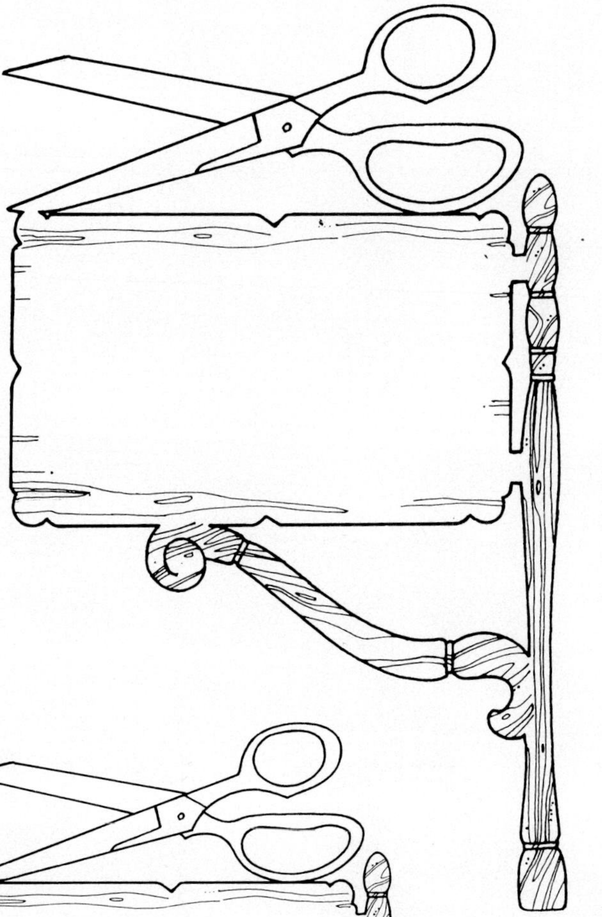

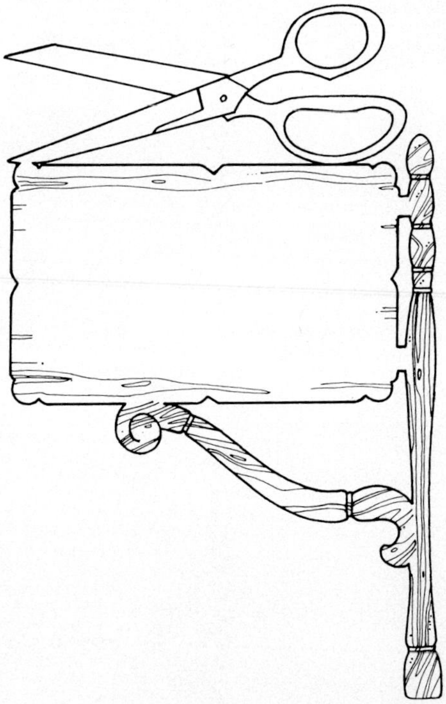

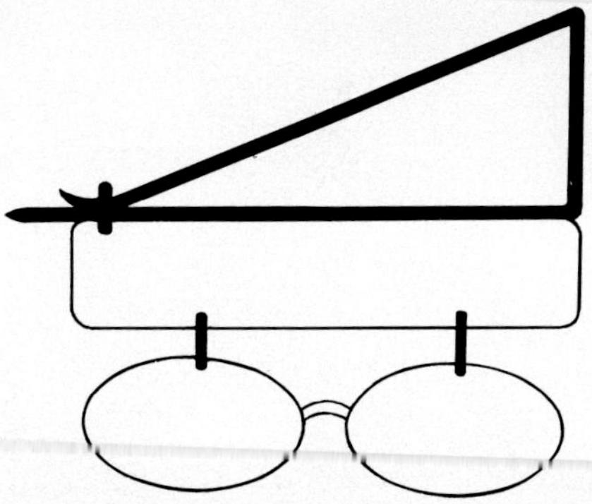

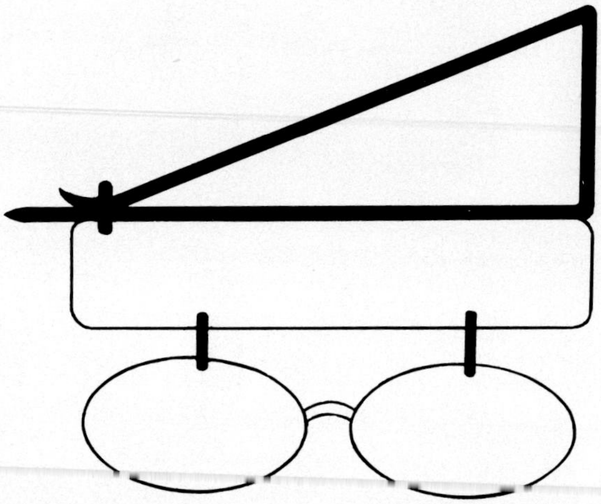

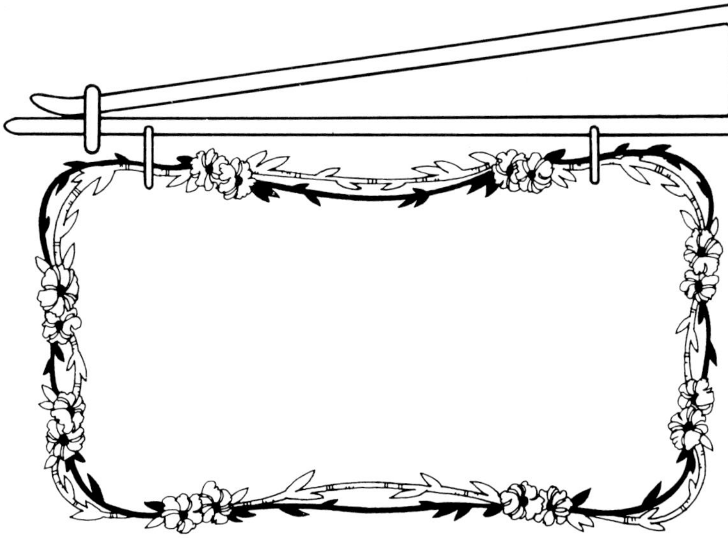

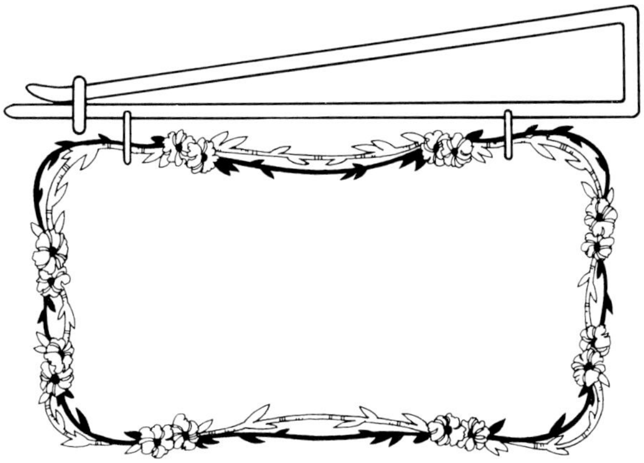

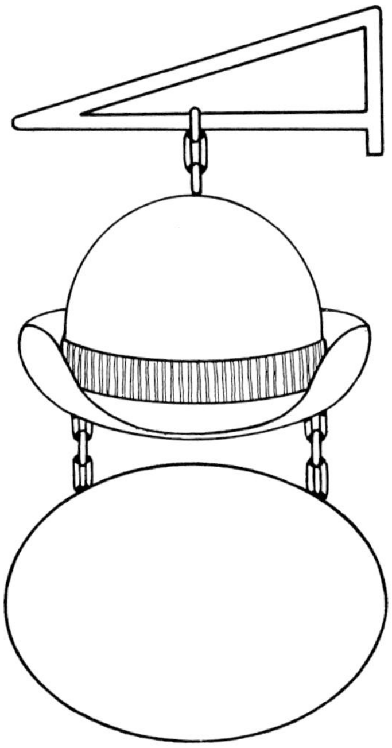

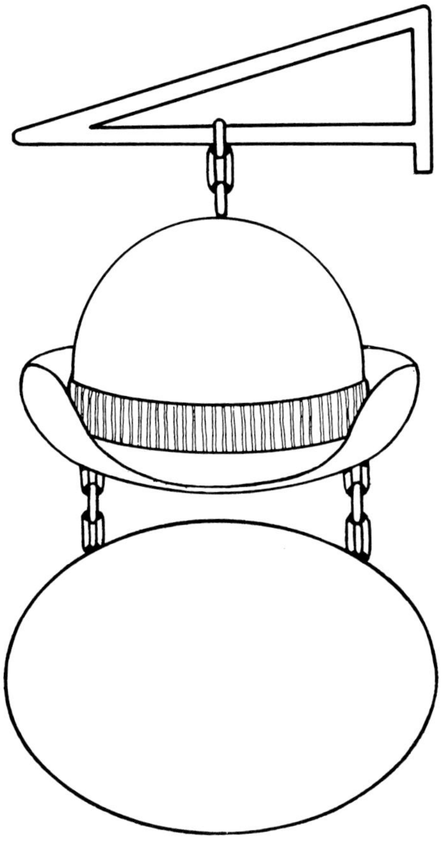

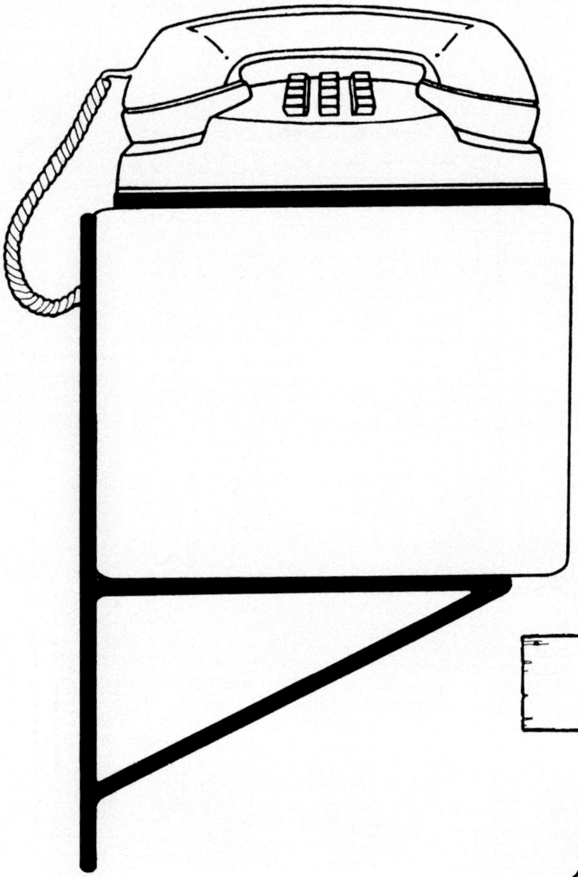

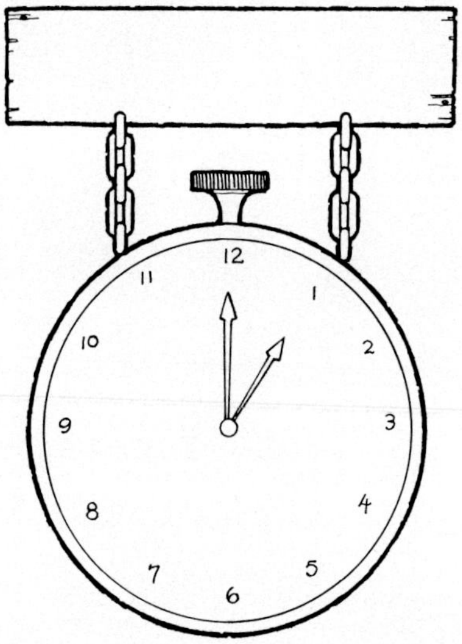

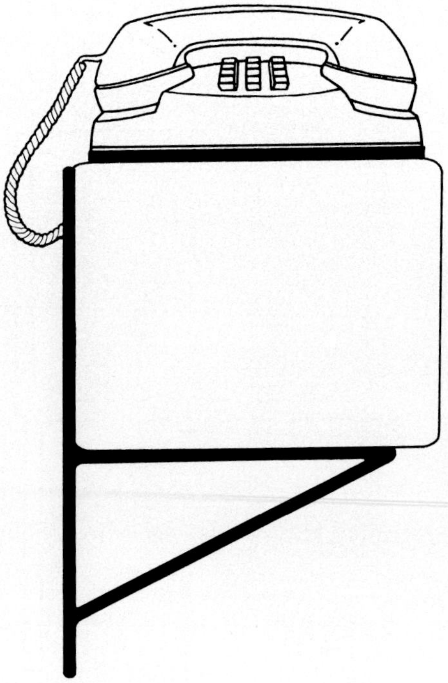

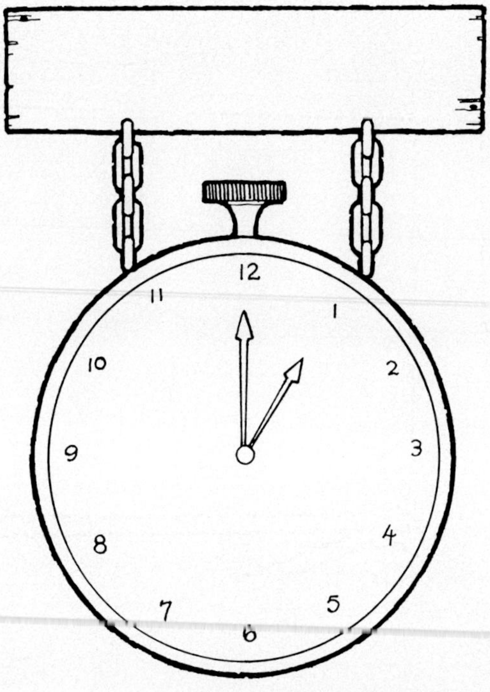

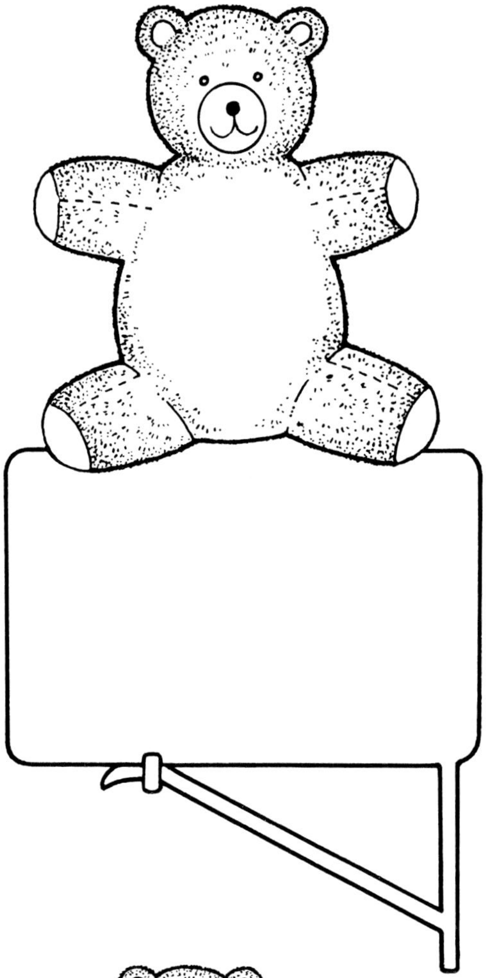

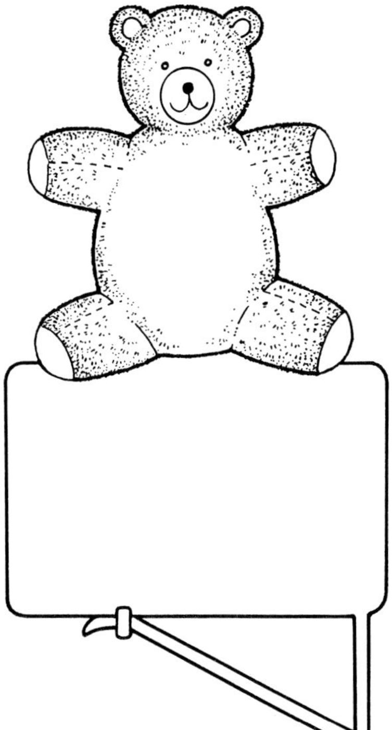

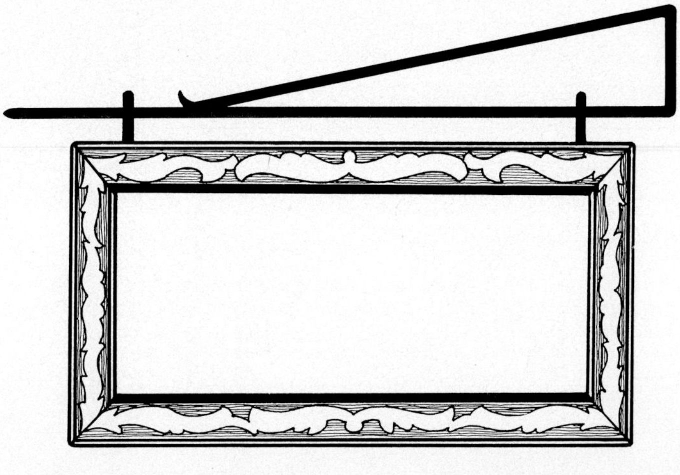

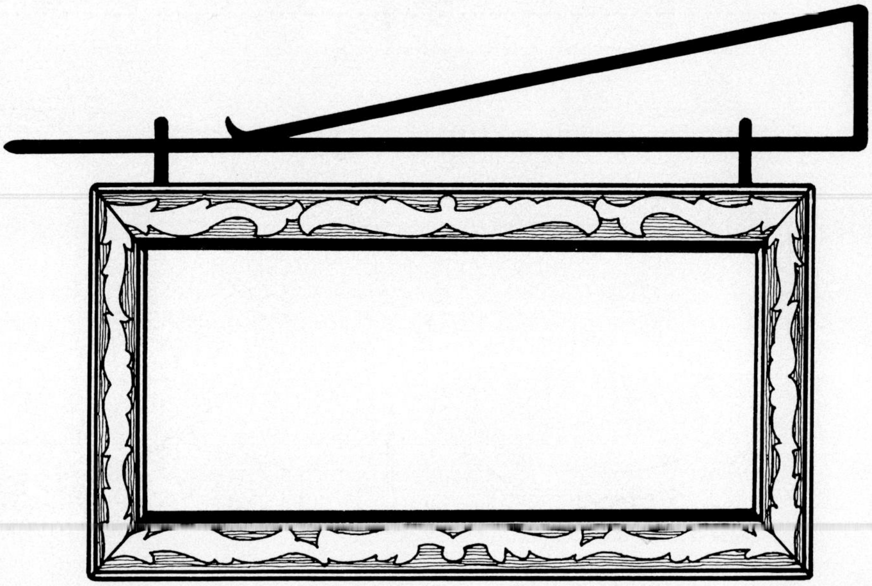

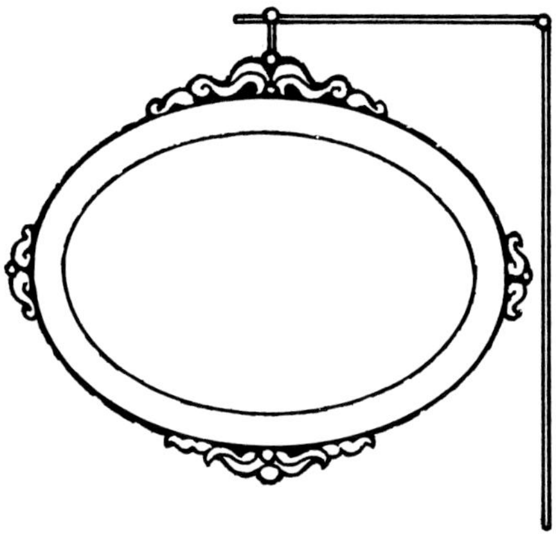

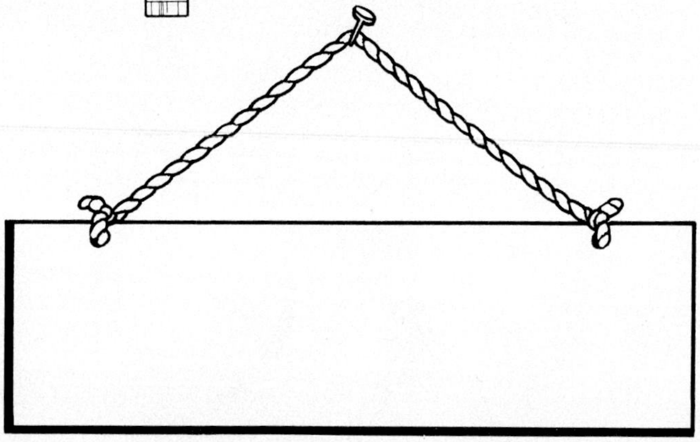

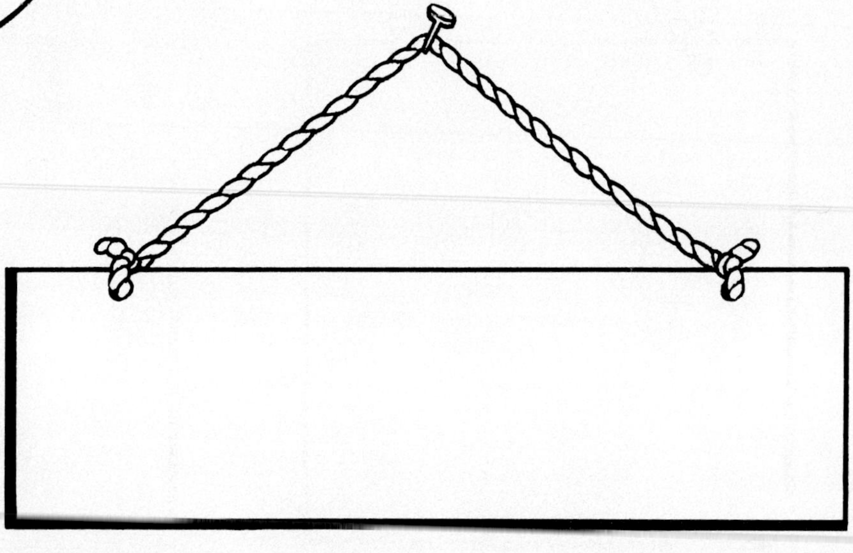

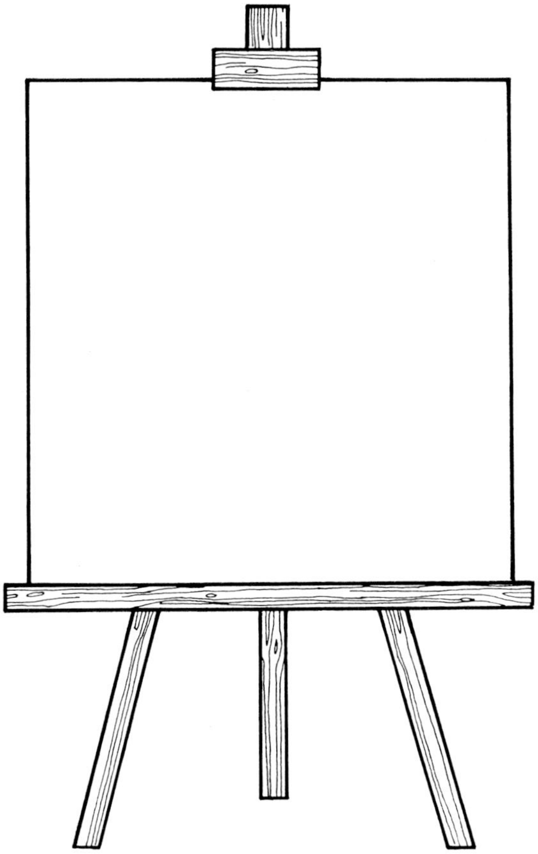

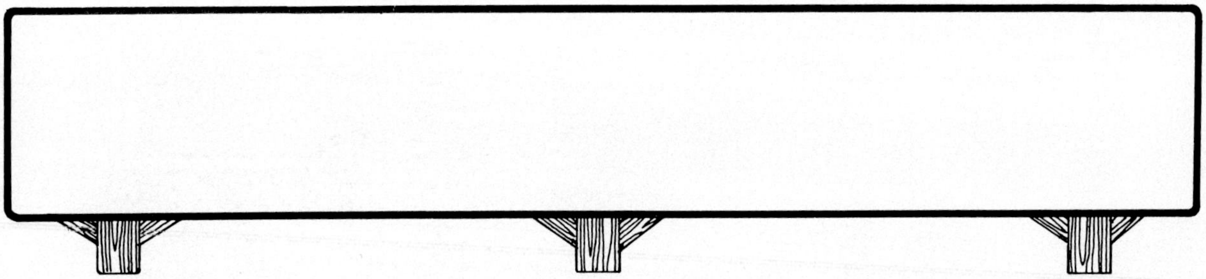
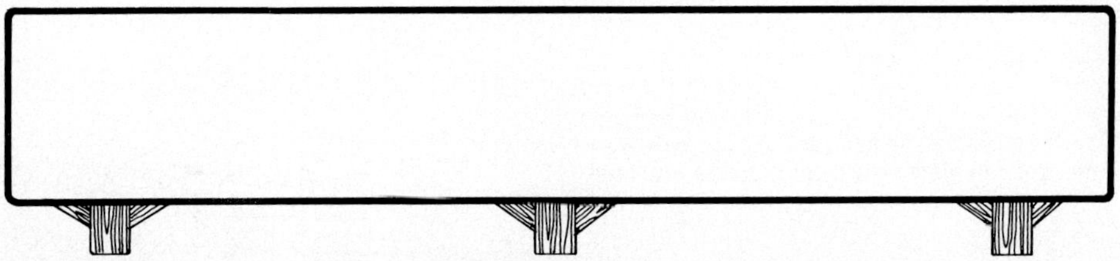
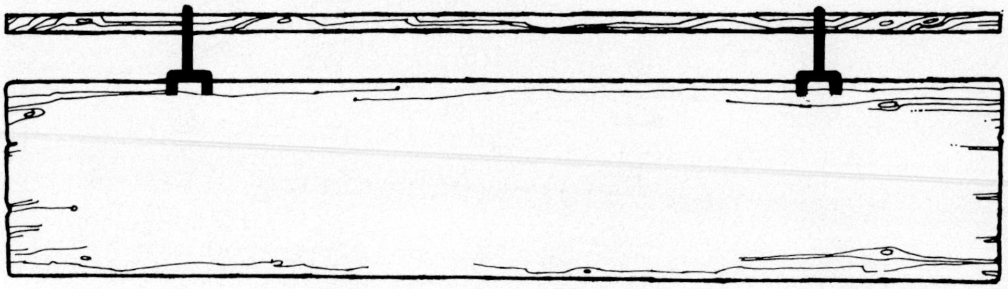
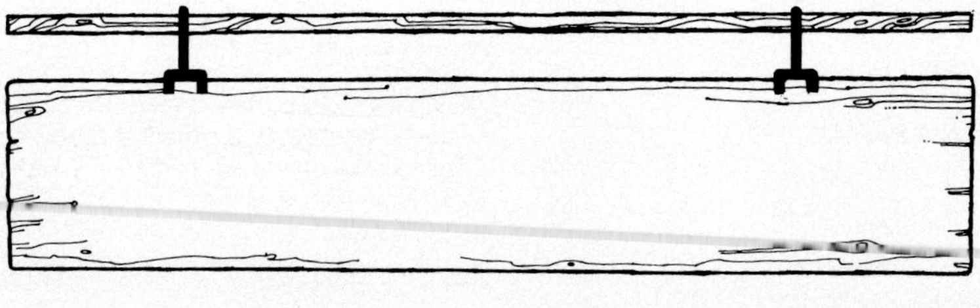